Werner Ziegler · Mehr als nur Sprüche

AF285589

Werner Ziegler wurde 1956 in Kirchentellinsfurt nahe Tübingen geboren. Er ist verheiratet und hat vier mittlerweile erwachsene Kinder. Der gelernte Bankkaufmann und Betriebswirt arbeitete viele Jahre in Industrie und Handwerk, auch in leitenden Positionen und mit Personalverantwortung. Mittlerweile ist er seit längerer Zeit schwerpunktmäßig als zertifizierter Trainer, Coach und als Autor tätig. Seine Themen dabei sind die Stressbewältigung, Burnout-Vorbeugung, die Balance der Bereiche Arbeit und Privatleben sowie die persönliche Weiterentwicklung.
Erfahren Sie mehr unter www.ziegler-coaching.de.

Werner Ziegler

Mehr als nur Sprüche

Ein Wegweiser durch die Woche

Satz und Layout: Buch&media GmbH, München
Umschlaggestaltung: Kay Fretwurst, Freienbrink
Herstellung u. Verlag: Books on Demand GmbH, Norderstedt
Printed in Germany
ISBN 978-3-8448-3005-7

Inhalt

Vorwort

In nahezu jedem Haushalt im christlichen Lebensraum steht heute eine Bibel. Sie ist eines der meistverkauften Bücher der Welt – wobei sie von den wenigsten Besitzern auch wirklich gelesen wird. So war das auch lange Zeit bei mir.

Erst als ich für dieses Buch zunächst einige Zitate benötigte, habe ich begonnen, öfter in der Bibel zu lesen. Mehr und mehr stellte ich fest, wie viele kluge Sprüche darin stehen, die auch heute noch ihre Gültigkeit haben. Viele Menschen, die es in ihren Berufen weit gebracht haben, sagen sogar, vor allem das Neue Testament sei das Buch über den Erfolg schlechthin.

Finden kann man Bibelsprüche heutzutage natürlich auch im Internet. Beim Schreiben dieses Buches habe ich mir jedoch wirklich die lohnende Mühe gemacht, die Zitate in der Bibel zu suchen. Eingefügt habe ich außerdem viele Zitate und Sprüche von alten Weisen wie Konfuzius, Sokrates, Heraklit, Laotse und vielen anderen. Deren Sprüche sind zum Teil noch heute Leitsätze von Managern großer Firmen.

Das Buch ist insgesamt in sieben Hauptkapitel gegliedert, analog zu den Tagen einer Woche. Dies ermöglicht es Ihnen, das Buch auf mehrere Arten zu lesen. Sie können das Buch Kapitel für Kapitel lesen. Genauso können Sie es immer wieder zur Hand nehmen und passend zum jeweiligen Wochentag ein Kapitel herausgreifen und darüber nachdenken.

Zu Beginn eines Unterkapitels steht als Überschrift das jeweilige Zitat mit Quelle. Dazwischen finden Sie Erläuterungen, die aus meiner Sicht zum jeweiligen Spruch passen und die Ihnen dabei helfen können, Ihre Woche erfolgreich und harmonisch zu gestalten.

Manches im Buch klingt vielleicht ein wenig zu perfekt. Sie werden denken, dass ein einzelner Mensch gar nicht so vollkommen sein kann wie im Buch geschildert. Hier kann ich Sie beruhigen. Auch ich arbeite an vielen im Buch beschriebenen Qualitäten noch selbst. Bei einigen meiner negativen Eigenschaften brauche ich vielleicht ein Leben lang, um sie abzustellen. Aber wichtig ist, damit zu beginnen und an sich zu arbeiten, je früher, desto besser. Über die Interpretationen der Zitate darf natürlich durchaus diskutiert werden. Insgesamt denke ich jedoch, dass die Auslegung in den meisten Fällen ordentlich gelungen ist.

Machen Sie sich ruhig auch die Mühe, im entsprechenden Kapitel in der Bibel mehr zu lesen, falls Ihnen ein Zitat gut gefällt. Sie werden feststellen, dass in der Heiligen Schrift »mehr als nur Sprüche« zu finden sind.

Suchen Sie auch von den alten Gelehrten wie Sokrates, Konfuzius oder Heraklit weitere Zitate. Das Internet ist hierbei eine hilfreiche Quelle. Geben Sie dort in Ihrer Suchmaschine den Suchbegriff »Zitate« ein. Oder kaufen Sie einfach eines der zahlreichen Bücher mit Spruch- oder Zitatsammlungen.

Insgesamt ist, vor allem durch die Verwendung der Zitate und Sprüche als jeweilige Kapitelüberschrift, ein abwechslungsreiches und auch etwas spirituell gefärbtes Buch entstanden, bei dessen Lektüre ich Ihnen jetzt viel Freude und wertvolle Anregungen wünsche.

Kirchentellinsfurt, im April 2012
Werner Ziegler

Herkunft der Bibelzitate

Alle Zitate stammen aus der »Lutherbibel« der Deutschen Bibelgesellschaft.[1] Die Texte dieser Bibel heben sich durch eine zeit- und jugendgerechte Sprache hervor. Vielen Dank an den Verlag für die Erlaubnis, die Sprüche daraus zu entnehmen.

Sollten Sie beim Nachschlagen auf eine andere Bibel zurückgreifen, können die Texte teilweise anders formuliert sein. Im Kern sollte jedoch dasselbe zum Ausdruck kommen.

Wie Sie dieses Buch nutzen können

Jedes der nachfolgenden kurzen Kapitel beginnt mit einem Zitat und endet mit einer sogenannten Vorsatzformel. Sie können diese im Rahmen einer einfachen Textmeditation vertiefen und so Ihrem Unterbewusstsein zugänglich machen. Eine kurze Einweisung in die Meditation finden Sie im Anhang des Buches.

Sie können die jeweilige Vorsatzformel oder das Zitat auch als sogenannte Autosuggestion verwenden. Dabei sagen Sie sich die Formel, die Ihnen in einer bestimmten Situation hilfreich erscheint, in Gedanken immer wieder vor. Sie können den jeweiligen Vorsatz auch auf eine Karteikarte schreiben und jederzeit nachlesen. So findet der Vorsatz schließlich den Weg zu Ihrem Inneren und kann dort seine positive Wirkung entfalten. Selbstverständlich sollen und brauchen Sie nicht jeden Vorsatz umsetzen. Berücksichtigen Sie nur die, die Ihnen besonders hilfreich erscheinen und die Ihnen vom Gefühl her zusagen. Sie können auch eigene Formulierungen finden. Wichtig ist nur, dass die jeweilige Formel kurz und positiv formuliert ist.

---

[1] Lutherbibel, revidierter Text 1984, durchgesehene Ausgabe in neuer Rechtschreibung, © 1999 Deutsche Bibelgesellschaft, Stuttgart.

Die einfachste Möglichkeit, das Buch zu verwenden: Freuen Sie sich an den Zitaten und den Erläuterungen. Denken Sie in Ruhe über sie nach und lassen Sie die Anregungen in Ihr Leben einfließen. Nehmen Sie das, was Ihnen gefällt, mit auf Ihren Weg durch die Woche und gelangen Sie so harmonisch und in jeder Hinsicht erfolgreich und entspannt durch die Berge und Täler des Alltags und durch Ihre freie Zeit.

Einige Gesundheitshinweise

Vor Ausführung der im Buch beschriebenen Yoga- oder Atemübungen sollten Herzkranke, Schwindelanfällige oder Schwangere den Rat eines Arztes einholen. Wer unter starken Depressionen leidet, sollte wiederum nicht ohne Aufsicht meditieren oder autogenes Training machen. Ansonsten sind jedoch alle geschilderten Übungen einfacher Natur und dienen mit Sicherheit Ihrem Wohlbefinden. Wenn Sie bei der Meditation tiefer einsteigen wollen, empfehle ich Ihnen, sich weiterführende Literatur zu besorgen oder sich in die Obhut eines Lehrers zu begeben.

Montag: Arbeit

Sie haben es beim Lesen der biblischen Schöpfungsgeschichte bestimmt schon gemerkt: Am Anfang stand die Arbeit. Die Erschaffung des Universums, der Erde und des Menschen war für Gott mit sechstägiger Arbeit verbunden. Am siebten Tag hat er geruht. Natürlich wissen wir heute, dass alles ein wenig anders war mit der Schöpfung und die sieben Tage einen sehr viel längeren Zeitraum umfasst haben und nur symbolisch zu verstehen sind. Dass jedoch ein Schöpfer hinter oder über allem steht, wird uns immer wieder bewusst, wenn wir nur die Artenvielfalt der Pflanzen- und Tierwelt auf unserem Planeten Erde wirklich zur Kenntnis nehmen.

Den siebentägigen Rhythmus der Woche haben wir bis in die heutige Zeit erhalten. So wie für die meisten von uns die Woche am Montag mit der Arbeit beginnt, so beginnt auch dieses Buch mit Kapiteln und Zitaten rund um das Thema Arbeit.

Mit einem Frühstart in die Woche gehen

> **Wie lange liegst du, Fauler! Wann willst du aufstehen von deinem Schlaf?**
>
> *(Sprüche 6, 9)*

Vor allem am Montag fällt es uns oft sehr schwer, aufzustehen und in den Tag zu starten. Eine lange, vielleicht auch anstrengende Arbeitswoche liegt vor uns. Wir schieben das Aufstehen bis zum letzten Moment auf. Dann bricht Hektik aus. Für ein gutes Frühstück fehlt jetzt die Zeit. Aber gerade zu Beginn einer Woche ist es besonders wichtig, ohne Hektik und Stress in den Tag zu starten. Stellen Sie deshalb Ihren Wecker so, dass Sie Zeit für eine ausreichende Morgentoilette und ein ausgewogenes Frühstück finden. Optimalerweise treiben Sie davor noch ein wenig Sport in Form von einigen Kniebeugen, Liegestützen oder Yoga-Übungen.

Vorsatzformel: Mein Tag beginnt gut, so wird die ganze Woche.

Mutig in die Woche starten

Darum sorgt nicht für morgen, denn der morgige Tag wird für das Seine sorgen. Es ist genug, dass jeder Tag seine eigene Plage hat.

(Matthäus 6, 34)

Viele Menschen starten mit Ängsten in den beruflichen Alltag, die gerade zu Beginn einer langen Woche besonders ausgeprägt sein können. Wir sind mit unseren manchmal angstvollen Gedanken schon weit im Voraus, in den erst kommenden Tagen. Auch mir selbst ist es lange Zeit so ergangen. Je mehr Verantwortung man für seine Firma und die Mitarbeiter trägt, desto schwerer kann die Last sein, die man schon nach dem Aufwachen mit sich herumträgt.

Sorgen Sie für einen guten Start in den Tag, indem Sie versuchen, Ihre Gedanken schon beim Aufstehen auf der positiven Seite zu halten. Versuchen Sie, sich ausschließlich auf die unmittelbar vor Ihnen liegenden 24 Stunden zu konzentrieren. Beginnen Sie den Tag zum Beispiel mit einem Gebet oder einfach mit positiven Gedanken, in Bezug auf den kommenden Tag.

Vorsatzformel: Mein heutiger Tag verläuft gut und erfolgreich.

Seiner Tätigkeit Positives abgewinnen

Wähle einen Beruf, den du liebst, und du brauchst keinen Tag mehr in deinem Leben zu arbeiten

(Konfuzius)

Nur wenige, so glauben wir, haben das große Glück, in ihrem Traumberuf tätig zu sein. Dies ist bis zu einem gewissen Punkt auch richtig. Die meisten von uns arbeiten in einem Beruf, den sie als reine Existenzbefriedigung betrachten. Jedoch können wir andere wiederum dabei beobachten, wie sie sich voller Konzentration ihrer Arbeit und oft auch unangenehmen Tätigkeiten hingeben.

Beachten Sie nachfolgende Tipps und es kann auch Ihnen gelingen, Ihrer Tätigkeit Positives abzugewinnen:

◆ Legen Sie eine Liste an, in die Sie zumindest fünf Punkte eintragen, die Sie an Ihrer Arbeit positiv finden. Versuchen Sie, diese Liste noch auszubauen. Lesen Sie die Liste immer wieder durch, bevor Sie zur Arbeit gehen.

- Machen Sie Ihre Arbeit konzentriert und versuchen Sie, mit Ihren Gedanken nicht abzuschweifen.
- Stellen Sie sich vor, wie wichtig Ihre Beiträge für Ihre Firma sind, auch wenn es manchmal nur Kleinigkeiten sind. Aber jedes kleine Zahnrad im großen Getriebe ist wichtig.
- Versuchen Sie, Ihre augenblickliche Tätigkeit positiv zu sehen. Lernen Sie, Ihre Tätigkeit mit Überzeugung zu machen.
- Wenn Sie jetzt noch einen Chef haben, der Ihre Arbeit schätzt, macht Ihnen Ihr Beruf mit Sicherheit Freude.

Vorsatzformel: Ich habe Spaß an meinem Beruf. Mein Beruf macht mir Freude.

Hart und konzentriert arbeiten

Alle Großen waren große Arbeiter

(Friedrich Nietzsche)

Hinter jeder großen Leistung steckt große Anstrengung. Bahnbrechende Erfindungen, Meisterwerke der Literatur und der Musik waren begleitet von zahlreichen Fehlschlägen und wurden erst in vielen Stunden harter Arbeit geschaffen. Aber auch im Berufsleben gilt: Wollen Sie Großes erreichen, ist es notwendig, viel Zeit und Fleiß aufzubringen.

Vorsatzformel: Für meine Idee arbeite ich hart und konzentriert.

Einsatz bringen, um die Früchte des Fleißes zu ernten

Fleiß bringt Brot, Faulheit Not

(Deutsches Sprichwort)

Wir alle haben schon in frühester Schulzeit und bei vielen folgenden Prüfungen im späteren Leben die Erfahrung gemacht: Haben wir uns gründlich vorbereitet, haben wir fleißig gearbeitet, so bestehen wir die Prüfungen gut.

Gleiches gilt im Arbeitsleben oder bei der Ausübung Ihres Hobbys.

Wenn Sie mit Einsatz an Ihre Arbeit herangehen, wird sie früher oder später von Erfolg gekrönt sein. Vereinfacht ausgedrückt könnte man auch sagen: Input = Output. Auch wenn es manchmal dauern kann, bis Sie die Früchte Ihrer Saat ernten können, irgendwann wird es so weit sein.

Vorsatzformel: Ich verrichte meine Arbeit mit Fleiß und Ausdauer.

Die Zeit richtig einteilen

Wir haben nicht zu wenig Zeit, sondern es ist zu viel Zeit, die wir nicht nutzen

(Seneca)

Zeit ist das am gerechtesten verteilte Gut unter uns Menschen. Der Tag eines Jeden hat 24 Stunden. Wie kann es dann sein, dass wir manchmal das Gefühl haben, die Zeit liefe uns davon? Uns erscheint die Zeit zu knapp, während wir bei anderen beobachten können, dass sie mit ihrer Zeiteinteilung wunderbar zurechtkommen.

Das Geheimnis liegt in der Planung. Machen Sie sich die Mühe und planen Sie Ihren Tag. Planen Sie jedoch nur circa 80 Prozent Ihrer Arbeitszeit. Lassen Sie 20 Prozent an Freiräumen für Unerwartetes. Sorgen Sie für ausreichend Pausen, in denen Sie eine kleine Yoga- oder Atemübung einstreuen. Planen Sie am Feierabend Zeit ein für Ihnen wichtige Menschen. Vielleicht gelingt es Ihnen auch, eine Hilfestellung oder eine gute Tat für andere vorzusehen und durchzuführen.

Vorsatzformel: Ich plane meinen Tag und habe stets genügend Zeit.

Sein Ziel kennen

Nur wer das Ziel kennt, kann treffen

(Griechisches Sprichwort)

Oft haben wir nur eine vage Vorstellung von unseren Zielen und müssen als Folge dann feststellen, dass wir sie nicht immer erreicht haben.

Planen Sie nicht nur Ihre Zeit, sondern definieren Sie auch konkret Ihre Ziele. Dies kann sowohl ein Tagesziel sein als auch die exakte Beschreibung des Endziels bei einem großen Vorhaben. Fixieren Sie vor allem bei einem größeren Unternehmen Ihr Ziel schriftlich. Vergleichen Sie die Vorgehensweise mit der Planung einer Wanderung oder eines Ausflugs, wo sie ein festes Ziel haben. Nur dann werden Sie sicher dort ankommen, wohin Sie wollten.

Vorsatzformel: Ich lege mein Ziel genau fest. Heute möchte ich
.... erreichen (anstelle der Punkte das Ziel einsetzen).

Seine ganze Kraft einsetzen

Bei allem, was man tut, ist es wichtig, sich mit ganzer Kraft einzusetzen

(Konfuzius)

Selbst wenn wir unsere Ziele kennen, sind sie noch nicht erreicht. Wir müssen jetzt unsere ganze Kraft einsetzen, um auf dem Weg dorthin vorwärtszukommen und das Ziel zu erreichen. Dies gilt auch im Arbeitsleben. Um die Ziele der Firma zu realisieren, bedarf es des Einsatzes aller Mitarbeiter. Hinzu kommt noch, dass die Arbeitskraft aller im Prinzip auf ein gemeinsames Ziel gebündelt sein muss, ähnlich einem Laserstrahl.

Wichtig ist es, dass Sie Ihre ganze Energie für Ihre momentane Tätigkeit einsetzen. Genauso wichtig ist es, Ihre Kraftreserven immer wieder aufzutanken. Dies geht am besten mit regelmäßigen Atem- und Entspannungsübungen. Einige Übungen finden Sie im Kapitel »Sonntag: Der Tag der Ruhe«.

Vorsatzformel: Ich bündele die Kraft für mein Vorhaben.

Mehr als nur Sprüche machen

Wo man arbeitet, da ist Gewinn; wo man aber nur mit Worten umgeht, da ist Mangel

(Sprüche 14, 23)

Bestimmt geht es uns allen manchmal ähnlich. Wenn wir während der Arbeitswoche versuchen, jemanden telefonisch zu erreichen, erhalten wir häufig die Auskunft, dass der gewünschte Gesprächspartner gerade in einer Besprechung ist, die wohl noch ein wenig dauert. Nicht selten fragen wir uns dann, ob wirklich jede lange Besprechung auch etwas bringt.

Wenn Sie als Chef oder Abteilungsleiter für das Abhalten von Besprechungen zuständig sind, achten Sie darauf, dass diese gut vorbereitet sind, effektiv verlaufen und schließlich zu einem zügigen Ende kommen. Sorgen Sie für rasche und sorgfältige Umsetzung des Besprochenen. Überprüfen Sie in der nächsten Besprechung, ob den Worten auch Taten gefolgt sind.

Vorsatzformel: Jeder Besprechung folgt die Handlung.

Den Mitmenschen und Arbeitskollegen vertrauen

Vertraust du einem Menschen nicht, so stelle ihn nicht ein, stellst du ihn jedoch ein, so sollst du ihm vertrauen

(Chinesische Weisheit)

Ein neuer Kollege wird eingestellt – und schnell steht die Frage im Raum: Ist er auch vertrauenswürdig? Wenn Sie einem Mitarbeiter, vor allem als Chef, Vertrauen entgegenbringen, motivieren Sie ihn gleichzeitig. Er macht dann seine Arbeit selbstbewusst und vor allem gerne. Schaffen Sie in Ihrer Firma also ein Klima des Vertrauens. Genauso wichtig ist es natürlich, sich des Vertrauens, das man erfährt, würdig zu erweisen.

Schenken Sie auch Ihren Kindern, Ihrem (Ehe-)Partner und anderen Personen aus Ihrem privaten Umfeld Vertrauen und weisen Sie ausdrücklich darauf hin, wenn Sie das Gefühl haben, dass es missbraucht wurde.

Vorsatzformel: Ich vertraue meinen Mitarbeitern. Ich vertraue meinen Kollegen. Ich vertraue meiner Frau, meinem Mann, meinen Kindern.

Die Talente der Mitarbeiter fördern

Was muss der Chef entdecken? Latente Talente!

(Anonym)

Oft gehen wir an unseren Arbeitsplatz und verrichten ohne Freude und Lust unsere von Routine geprägten Tätigkeiten. Dabei spüren wir, dass tief in uns unentdeckte Talente schlummern, die unserer Firma, unserem Umfeld, unserem Verein etc. guttun würden.

Sind Sie Chef einer Firma, Abteilungsleiter oder Vorstand eines Vereins, versuchen Sie immer wieder, Talente Ihrer Mitarbeiter zu erkennen und zu fördern. Dieses Talent kann sich durchaus in einem Bereich zeigen, der gar nichts mit der eigentlichen beruflichen Tätigkeit zu tun hat. Ein Mitarbeiter kann vielleicht gut formulieren oder fotografieren. Nutzen Sie solche Talente für Ihre Firma oder Ihren Verein, indem Sie diesen Mitarbeiter zum Beispiel an einer hauseigenen Zeitung oder Ihrer Website arbeiten lassen und das eine oder andere seiner Bilder oder Texte dort veröffentlichen. Die Möglichkeiten sind hier unbegrenzt.

Vorsatzformel: Ich suche und fördere (verborgene) Talente in meinem Umfeld.

Sieben Worte, die einen guten Chef ausmachen

Alles sehen, vieles vorbeigehen lassen, weniges anmahnen!

(Papst Johannes XXIII.)

Diese Regel erhalten wir von jemandem, der ganz oben stand. Ein ehemaliges Oberhaupt der katholischen Kirche hat hier mit wenigen Worten eine Menge Ratschläge für den Chef zum Ausdruck gebracht:

Alles sehen: Stets die Abläufe und Vorgänge in seiner Firma genau beobachten und kennen.

Vieles vorbeigehen lassen: Nicht auf alles gleich und vor allem überzogen reagieren. Den Mitarbeitern dort, wo es möglich ist, Freiräume geben.

Weniges anmahnen: Dort gezielt kritisieren und eingreifen, wo es wirklich notwendig ist.

Natürlich ist an dieser Stelle noch anzumerken, dass der wirklich gute Chef seine Mitarbeiter entsprechend ihrer persönlichen Eigenschaften führt. Jeder Charakter erfordert im Prinzip eine individuelle Führung und Ansprache.

Vorsatzformel: Ich sehe alles, kritisiere jedoch zurückhaltend und gezielt.

Sich manchmal an die eigene Nase fassen

Was siehst du aber den Splitter in deines Bruders Auge und nimmst nicht wahr den Balken in deinem Auge?

(Matthäus 7, 3)

Am häufigsten werden wir bei unserer Arbeit kritisiert. Auch wenn es berechtigt sein mag, so trifft sie uns doch oft in unserem Inneren. Kritik vermag uns einen Teil der Arbeitsfreude und Motivation zu nehmen, besonders wenn sie übertrieben hart oder gar ungerechtfertigt ist. Gerne suchen wir auch selbst die Fehler bei anderen und neigen dazu, unsere Mitmenschen zu kritisieren.

Machen Sie sich deshalb zur Regel: Wenn Sie kritisieren, tun Sie es maßvoll und konstruktiv. Natürlich ist Kritik manchmal notwendig, vor allem im Arbeitsleben. Versuchen Sie jedoch, Kritik stets auch mit positiven Aussagen zu verbinden. Verfahren Sie zum Beispiel nach dem Schema positiv, negativ, positiv. Finden Sie also zum Gesprächseinstieg einen positiven Aspekt. Äußern Sie dann konstruktiv Ihre Kritik. Dies kann auch als Art Anregung beziehungsweise Vorschlag erfolgen. Schließen Sie das Gespräch positiv ab. Lassen Sie den anderen bei aller Kritik stets das Gesicht wahren. Bestehen Sie anschließend jedoch auf das Umsetzen Ihrer »Anregungen«.

Suchen Sie Fehler auch bei sich, nicht nur bei anderen. Hauptsächlich dies meinte Jesus mit seiner oben genannten Frage.

Vorsatzformel: Wenn ich Fehler suche, beginne ich bei mir selbst. Ich vermeide überzogene Kritik.

Auf Kritik gelassen reagieren

Eine linde Antwort stillt den Zorn; aber ein hartes Wort erregt Grimm

(Sprüche 15, 1)

Wenn uns ungerechtfertigte Kritik trifft, neigen wir manchmal dazu, zornig zu werden. Wir antworten dann gerne mit hitzigen und harten Worten. Oft genug führt das zur Eskalation.

Versuchen Sie deshalb, eine sanfte oder zumindest angemessene Antwort zu finden. Versuchen Sie, auf Kritik niemals emotional zu reagieren. Halten Sie sich in Verbindung mit Kritik an folgende Regeln:

Ist die Kritik berechtigt, lernen Sie daraus. Halten Sie die Kritik für überzogen und unberechtigt, ignorieren Sie diese. Versuchen Sie stets, eine ruhige Antwort zu geben. Ist Ihre Reaktion auf einen Kritikpunkt beziehungsweise Vorwurf von elementarer Wichtigkeit, lassen Sie durchaus auch einmal die berühmte Nacht vor einer Antwort verstreichen.

Vorsatzformel: Aus Kritik lerne ich. Auf Kritik gebe ich eine ruhige, angemessene Antwort.

Lob motiviert

Ja, ein Wort ist oft wichtiger als eine große Gabe, und ein freundlicher Mensch gibt sie beide

(Sirach 18, 17)

Haben wir eine gute Leistung erbracht und werden nicht gelobt, sind wir oft enttäuscht. Unsere Motivation geht zurück. Dies gilt im Arbeits- wie auch im Privatleben. Im Laufe eines Tages schlüpfen wir nämlich in die verschiedensten Rollen. Mal sind wir Elternteil, mal Vorgesetzter oder Angestellter.

Loben Sie in Ihrer jeweiligen Rolle, wenn es etwas zu loben gibt. Loben Sie Ihren (Ehe-)Partner, loben Sie Ihre Kinder, loben Sie Ihre Mitarbeiter. Loben Sie aber auch Ihren Vorgesetzten. Lob ist so wichtig wie jede materielle Gabe. Das eine schließt das andere jedoch nicht aus. Geben Sie als Chef bei einer ganz besonderen Leistung zum Lob deshalb ruhig noch eine extra Prämie oder als Elternteil für Ihre Kinder ein kleines zusätzliches Taschengeld, bezogen auf die gerade erbrachte Leistung. Verbinden Sie Ihre materielle Extragabe immer mit einem dicken, ausgesprochenen Lob.

Vorsatzformel: Ich lobe eine gute Leistung meines Kindes, meines Partners, meines Vorgesetzten, meines Mitarbeiters.

Teamwork fördern

So ist's ja besser zu zweien als allein; denn sie haben guten Lohn für ihre Mühe

(Prediger 4, 9)

Anstatt unsere Mitmenschen sowohl im Arbeits- als auch im Privatleben permanent zu kritisieren, ist es besser, die Zusammenarbeit zu fördern. Alle Vorhaben fallen leichter, wenn wir mit unseren Kollegen oder Partnern gut und harmonisch zusammenarbeiten.

Fördern Sie deshalb in Ihrem beruflichen und privaten Umgang den Teamgedanken. Teilen Sie die Verantwortung beziehungsweise übernehmen Sie Mitverantwortung. Wenn Sie zum Beispiel Abteilungsleiter einer Firma sind, führen Sie Ihre Abteilung als Team. Vermitteln Sie Ihrem Team, dass Niederlagen gemeinsam getragen werden, aber dass der erzielte Erfolg und der daraus resultierende Gewinn (der gute Lohn) auf jeden Einzelnen zurückfallen.

Vorsatzformel: Wir tragen Erfolg und Misserfolg im Team gemeinsam.

Sich beraten und beraten lassen

Vor der Tat halte Rat

(Altes deutsches Sprichwort)

Immer wieder hören wir von Unternehmern, Politikern oder Abteilungsleitern, dass sie beratungsresistent geworden seien. Es wird kein Rat mehr gehört und angenommen. Nicht selten häufen sich dann Misserfolge aller Art.

Suchen Sie selbst immer wieder Rat, vor allem als Chef oder wenn Sie ein umfangreiches Vorhaben umsetzen wollen, und treffen Sie dann Ihre Entscheidungen. Lernen Sie jedoch zu unterscheiden zwischen solidem Rat und sogenannten Einflüsterungen. Beratschlagen Sie sich auch immer wieder innerhalb Ihres Teams, Ihrer Abteilung oder innerhalb der Familie.

Jedoch ist nicht jeder Rat gut und nicht jeder Berater unbedingt fähig. Diese Erfahrung haben Sie im Arbeits- und Privatleben bestimmt schon gemacht.

Wenn Sie also Ratschläge einholen, prüfen Sie Ihren Berater. Informieren Sie sich über seine Referenzen, seinen Ruf und sein fachliches Wissen. Ist eine Referenz nicht in Ordnung, suchen Sie weiter nach einem besseren Ratgeber. Wenn Sie sich dann gut beraten fühlen, führen Sie die Umsetzung Ihrer Pläne zügig durch.

Vorsatzformel: Ich suche den Rat von wirklichen Fachleuten.

Von den Erfahrungen anderer profitieren

Nur der Dumme muss alle Erfahrungen selber machen

(Laotse)

Im Verlauf des Lebens dürfen wir zahlreiche Erfahrungen machen, schöne und auch weniger schöne. Vor allem auf die weniger schönen würden wir gerne verzichten. Aber auch sie sind notwendig.

Die gemachten Erfahrungen sind eine der Stärken von älteren Menschen und ermöglichen ihnen gelegentlich auch im höheren Alter noch einen Arbeitsplatz.

Profitieren Sie vor allem im Arbeitsleben von den Erfahrungswerten Ihrer Mitmenschen. Holen Sie sich Ratschläge ein bei der Lösung von Problemen. Vermeiden Sie es jedoch im umgekehrten Fall, ungefragt Ratschläge zu erteilen. Gerade die junge Generation möchte viele Erfahrungen selbst sammeln.

Vorsatzformel: Wenn ich gefragt werde, gebe ich meine Erfahrungen gerne weiter.

Den Start wagen

Eine Reise von tausend Meilen beginnt mit dem ersten Schritt

(Chinesische Weisheit)

Haben wir wirklich alles gut überlegt, ausreichend besprochen und detailliert geplant? Manchmal sind wir nicht schlüssig, ob wir loslegen sollen. Wir zögern und verharren, weil der Weg zum Ziel weit erscheint.

In der Regel bedarf es jedoch nur eines kleinen Schrittes, um zu beginnen. Tun Sie diesen Schritt. Starten Sie und gehen Sie auf die Reise. Arbeiten Sie Ihre Pläne Schritt für Schritt ab. Schreiten Sie vorwärts. Wenn Sie stolpern, stehen Sie wieder auf. Überarbeiten Sie notfalls Ihre Pläne. Lernen Sie aus Fehlern und gehen sie weiter. Vielleicht wird dann auch »ein kleiner Schritt für Sie« zu einem »großen Schritt für die Menschheit«, wie Neil Armstrong, der erste Mann auf dem Mond, schon ähnlich feststellte.

Vorsatzformel: Ich starte mein Vorhaben.

Leicht in den Schlaf finden

Ich liege und schlafe ganz mit Frieden; denn allein du, Herr, hilfst mir, dass ich sicher wohne

(Psalm 4, 9)

Wenn wir einen schweren Tag hinter uns haben, an dem so manches Problem ungelöst zurückgeblieben ist, kreisen unsere Gedanken weiter. Manchmal bis spät in die Nacht hinein. Je dunkler es um uns ist, umso größer wird die Angst vor dem nächsten Tag, an dem dieselben Probleme wieder auf uns warten. Nachfolgend finden Sie eine lose Auflistung von Anregungen, die Ihnen helfen können, wenn Sie Einschlafprobleme haben:

- ◆ Essen Sie nicht mehr viel nach 18 Uhr, allenfalls noch eine Banane. Trinken Sie ein Glas Milch oder einen beruhigenden Tee.
- ◆ Bewegen Sie sich noch etwas, bevor Sie zu Bett gehen, treiben Sie jedoch keinen intensiven Sport mehr.
- ◆ Machen Sie das Schlafzimmer zur Tabuzone für den Fernseher.
- ◆ Machen Sie einige Yoga-Übungen oder autogenes Training. Sprechen Sie ein positives Gebet. Überlegen Sie vor dem Einschlafen, was heute gut gelaufen ist, und stellen Sie sich vor, wie Sie morgen Ihre schwierige Aufgabe gut lösen.

Vorsatzformel: Ich schlafe ruhig und tief.

Zum Tagesabschluss oder für zwischendurch: einfache Yoga-Übungen

Körper und Geist leben nicht getrennt, sondern mit- und füreinander

(Grundlage des Jivamukti-Yoga)

Immer wieder spüren wir im Laufe des Arbeitstags, wie wir verspannen – vor allem, wenn wir sitzend am Bildschirm tätig sind.

Machen Sie regelmäßig Pausen und halten Sie in ihnen mit den nachfolgenden, aus dem Yoga stammenden einfachen Übungen dagegen. Eine Empfehlung ist zum Beispiel, 55 Minuten zu arbeiten und dann fünf Minuten für die nachfolgenden – oder ähnlichen – Übungen aufzuwenden. Eine gesteigerte Arbeitsleistung ist die Belohnung.

So gehen die Übungen:

♦ Stellen Sie sich aufrecht hin, die Beine sind hüftbreit auseinander. Die Arme hängen seitlich locker nach unten, links und rechts leicht den Körper berührend.
♦ Ziehen Sie beim Einatmen die Schultern nach oben und dann nach hinten.
♦ Beim Ausatmen lassen Sie die Schultern nach unten sinken und bringen Sie wieder nach vorne. Sie kreisen also mit Ihren Schultern und atmen dabei konzentriert.

Wichtig bei dieser Übung ist die Synchronisation des Atmens mit der Schulterbewegung. Sie haben zweifachen Nutzen: Zum einen konzentrieren Sie sich auf Ihre Atmung, zum andern entspannen Sie Ihre Schultern und Ihren Nacken.

Auch die zweite Übung entstammt dem Yoga und kombiniert Atmung und leichte körperliche Betätigung:

♦ Stehen Sie wiederum aufrecht, Beine hüftbreit auseinander.
♦ Strecken Sie jetzt beim Einatmen den linken Arm langsam nach oben, drehen Sie dabei den Kopf nach rechts. Beim Ausatmen den Arm wieder langsam nach unten sinken und hängen lassen, den Kopf gleichzeitig langsam wieder nach vorne drehen.
♦ Danach die Seite wechseln, also rechter Arm nach oben, Kopf nach links drehen und wieder zurück.

Die dritte Übung können Sie immer und überall ausführen. Sie wird im Sitzen durchgeführt und ist recht unauffällig. Sie geht also auch im Zug, im Bus oder während einer schwierigen Besprechung.

♦ Legen Sie Ihre Hände auf dem jeweiligen Oberschenkel ab.
♦ Verbinden Sie jetzt den Daumen gemeinsam mit dem Ringfinger und dem kleinen Finger zu einer Art Kreis. Zeigefinger und Mittelfinger werden aneinander gelegt und leicht gestreckt.

- Alternativ kann der Daumen auf die Fingernägel von kleinem Finger und Ringfinger aufgelegt werden.

Diese beiden Übungen sorgen für eine bessere Synchronisation Ihrer linken und rechten Hirnhälfte, insgesamt also für mehr Kreativität.

Dienstag:
Der zwischenmenschliche Umgang

Sie arbeiten in den wenigsten Fällen allein. Sie haben einen Chef, Kolleginnen und Kollegen. Wenn Sie selbst Chef sind, haben Sie Mitarbeiter, die geführt und motiviert sein wollen. Im Privatleben haben Sie es mit Ihnen eng verbundenen und vertrauten Menschen zu tun. Wenn Sie also nicht gerade ein echter Einsiedler sind, haben Sie immer und überall Mitmenschen um sich, mit denen Sie auskommen wollen. Die nächsten Unterkapitel sind deshalb diesem Thema gewidmet. Sie finden viele Gedanken und Anregungen, wie der Umgang mit anderen Menschen sowohl im Arbeits- als auch im Privatleben leichter fallen kann.

Wie du mir, so ich dir

Und wie ihr wollt, dass euch die Leute tun sollen, so tut ihnen auch!

(Lukas 6, 31)

Ein unbewusster Wunsch von uns Menschen ist, dass wir von anderen geschätzt, geliebt und geachtet werden. Eine uralte Regel besagt, dass alles, was wir im Leben tun, in entsprechender Form zurückkommt. Wenn Sie also Ihren Mitmenschen Liebe, Respekt, Achtung und Wertschätzung entgegenbringen, werden Sie dies über kurz oder lang auch erfahren. Dasselbe gilt für die negativen Verhaltensweisen wie Neid, Unehrlichkeit, Respektlosigkeit. Auch das wird über kurz oder lang zurückkommen. Sie können also selbst entscheiden, welche Art Bumerang auf sie »zufliegt«. Dieser Spruch von Jesus, auch »Goldene Regel« genannt, ist fast 2000 Jahre alt und dennoch bis heute gültig.

Vorsatzformel: Ich bringe meinen Mitmenschen Liebe, Wertschätzung und Respekt entgegen.

Auch die Leistung anderer anerkennen

Man muss nicht unbedingt das Licht des anderen ausblasen, damit das eigene recht hell leuchtet

(Griechisches Sprichwort)

Wir alle haben schon mit anderen Menschen an einem gemeinsamen Projekt gearbeitet, sowohl im Arbeits- als auch Privatleben. Wenn wir dabei mit jemandem zu tun hatten, der seine Leistung besonders hervorgehoben und unsere Leistung herabgewürdigt hat, waren wir sehr enttäuscht oder vielleicht sogar beleidigt.

Wichtig ist es, auch die Leistung des Kollegen oder Mitarbeiters zu tolerieren. Sie dürfen ruhig stolz auf Ihre Leistung sein. Machen Sie jedoch die Leistungen anderer nicht nieder, sondern finden Sie lobende und anerkennende Worte. Ihre Leistung strahlt, wenn sie wirklich gut ist, trotzdem in einem hellen Licht.

Vorsatzformel: Ich lasse auch die Leistung anderer im Licht erstrahlen.

Sanftmut an den Tag legen

Gewalt zerbricht an sich selbst

(Laotse)

Immer wieder werden wir durch die Medien mit Gewalt konfrontiert. Wir erkennen dann, dass Gewalt wiederum nur Gegengewalt erzeugt und zu nichts führt. Sie zerbricht an sich selbst, wie Laotse treffend sagt.

In den Nachrichten können Sie immer wieder beobachten, welche Folgen Hass und Gewalt nach sich ziehen. Sie werden erkennen, dass sich die Spirale der Gewalt immer weiterdreht. Erst wenn vieles zerstört ist, endet sie schließlich.

Natürlich ist es wichtig, sich selbst oder andere gegen Gewalttätigkeiten verteidigen zu können. Versuchen Sie jedoch, nie selbst der Auslöser von Gewalt zu sein. In einer Welt, die leider voll davon ist, kann das natürlich sehr schwierig sein. Aber es ist wichtig, bei sich selbst anzufangen und zum Beispiel in seinem eigenen Umfeld Hass und Gewalt, welcher Ausprägung auch immer, keine Chance zu geben.

Vorsatzformel: Hass und Gewalt sind mir fremd.

Liebe als wichtigstes Element im zwischenmenschlichen Umgang

Niemals in der Welt endet Hass durch Hass. Hass hört durch Liebe auf

(Buddha)

Die Liebe ist der Gegenpol des Hasses. Wenn wir in den Nachrichten die Auswüchse des Hasses sehen, dann haben wir in uns ein äußerst negatives Gefühl. Wir fühlen uns unwohl. Sehen wir jedoch Bilder der Liebe und Schönheit, werden wir innerlich zufriedener und fühlen uns gut.

Sinngemäß sagte der indische Pazifist Mahatma Gandhi einmal, dass Hass nur durch Liebe überwunden werden könne. Versuchen Sie, sich mit Ihrer Handlungsweise daran zu halten. Wenn Ihnen Menschen negative Gefühle entgegenbringen, versuchen Sie, mit liebevollen Gefühlen und Gedanken dagegenzuhalten. Zugegeben, dies ist eine sehr schwierige Vorgabe. Lassen Sie sich jedoch zumindest nicht von Hass erfüllen. Denn solche Gefühle machen krank. Gefühle der Liebe dagegen können heilende Wirkung erzielen.

Vorsatzformel: Mit liebevollen Gefühlen begegne ich Negativem.

Die Lasten des Arbeits- und Privatlebens teilen

Einer trage des anderen Last, so werdet ihr das Gesetz Christi erfüllen

(Galater 6, 2)

Viele Menschen wählen bei ihrer kirchlichen Heirat dieses Zitat als Trauspruch aus. In einer jungen Ehe wird der Spruch dann auch ohne Probleme umgesetzt. Sind jedoch viele Jahre ins Land gegangen, ist es oftmals so eine Sache mit der Lastenteilung. Denken Sie einmal darüber nach, wie es bei Ihnen im Privatleben mit der Teilung der Last aussieht. Entlasten Sie des Öfteren Ihren Ehepartner.

Genauso gültig ist das Zitat im Arbeitsleben. Wenn wir dort lernen, im Team zu arbeiten, über unseren Tätigkeitsbereich hinauszudenken und unsere Kollegen zu unterstützen und zu entlasten, werden wir auf den Erfolgsweg gelangen.

Gehen Sie auch auf andere zu, wenn Sie das Gefühl haben, überlastet zu sein. Reden Sie mit Ihrem Partner oder Chef darüber, bevor es zu spät ist.

Vorsatzformel: Ich entlaste meine Mitmenschen, wo es mir möglich ist.

Zum Mitmenschen aufsehen

Denn wer sich selbst erhöht, der wird erniedrigt; und wer sich selbst erniedrigt, der wird erhöht

(Matthäus 23, 12)

Wir möchten gerne die Größten sein. Wir möchten, dass andere zu uns aufschauen und uns bewundern. Dafür tun wir einiges. Aber viel mehr bringt uns auf lange Sicht der andere Weg, so wie ihn Jesus seinen Jüngern predigte.

Lernen Sie, zum anderen aufzuschauen und ihn zu bewundern. Nehmen Sie sich selbst ein wenig zurück. Bewundern Sie die Leistungen Ihres Mitmenschen. Tun Sie dies jedoch nicht nur in Gedanken, sondern bringen Sie es in Worten zum Ausdruck. Sagen Sie zu Ihrem Mitmenschen im übertragenen Sinn: Du bist der oder die Größte!

Wichtig dabei ist, dass Sie Ihre Bewunderung wirklich ernst meinen. Umgekehrt braucht eine »Erniedrigung« wiederum nicht so weit zu gehen, dass Sie Ihre eigenen Leistungen und Werte völlig herabwürdigen.

Vorsatzformel: Ich bringe meinem Mitmenschen und ihren Leistungen Wertschätzung entgegen.

Sich selbst zurücknehmen

Warum ist das Meer der König aller Flüsse und Ströme? Weil es niedriger liegt als sie!

(Laotse)

Der Kern der Aussage ist ähnlich wie im Vorkapitel. Wenn wir lernen, uns nicht zu wichtig zu nehmen, strömen uns die Sympathien der anderen förmlich zu. Überprüfen Sie immer wieder, ob Sie in Ihren Gedanken vermeintlich eine Stufe höher stehen als andere. Nehmen Sie sich zurück und geben Sie Ihren Mitmenschen das Gefühl von Größe. Von vielen Menschen, die zu Ruhm gelangt sind, wurden diejenigen zu zeitlosen und beliebten Superstars, die bescheiden und zurückgenommen aufgetreten sind. Andere hingegen, die nach einigen Fernsehauftritten meinten, sie seien jetzt die Allergrößten, waren schon bald wieder vergessen.

Vorsatzformel: Ich nehme mich zurück und übe Bescheidenheit.

Den Menschen bei seinem Namen nennen

Wenn die Namen nicht stimmen, ist das Gemeinte nicht wahr

(frei nach Konfuzius)

Immer wieder können wir es bei uns selbst beobachten: Wenn wir von jemandem mit unserem Namen richtig und korrekt angesprochen werden, fühlen wir uns geehrt und wichtig genommen. Wird unser Name jedoch falsch oder unvollständig ausgesprochen, sind wir mehr oder weniger enttäuscht. Wir hören dann oft nicht mehr richtig zu, weil wir uns nicht angesprochen fühlen.

Indem Sie sich die Namen Ihrer Mitmenschen einprägen und immer wieder aussprechen, können Sie also im Ansehen der anderen steigen. Gleichzeitig fördern Sie deren Bedürfnis, anerkannt und wichtig genommen zu werden.

Prägen Sie sich Namen gut ein, indem Sie sie bei der Erstvorstellung gleich nennen und im Laufe eines Gesprächs mehrfach wiederholen. Verabschieden Sie sich zum Schluss mit dem Namen. Wissen Sie den Namen nicht mehr, fragen Sie einfach nach: »Wie war doch gleich Ihr Name?« Nennen Sie Ihren Gesprächspartner beim Namen.

Vorsatzformel: Ich präge mir die Namen meiner Gesprächspartner gut ein.

Liebevolle Gefühle für den Mitmenschen

Ihr müsst die Menschen lieben, wenn ihr sie ändern wollt

(Johann Heinrich Pestalozzi)

Immer wieder kommt es vor, dass wir über unsere Mitmenschen enttäuscht sind. Wir sind vor allem darüber enttäuscht, dass sie sich nicht so verhalten, wie wir uns das wünschen.

Wir versuchen dann, den Menschen mit aller Macht zu ändern. Gelingt uns das nicht, wenden wir uns ab und lassen ihn vielleicht links liegen. Im schlimmsten Fall entwickeln wir Hassgefühle.

Sollen sich Ihre Mitmenschen zum Positiven ändern, müssen Sie versuchen, ihnen auch positive Gefühle entgegenzubringen. Vermeiden Sie Hassgefühle oder andere Auswüchse wie Zorn und Neid. Bezeugen Sie stattdessen Respekt und Wertschätzung. Achten Sie weniger auf negative Eigenschaften, sondern mehr auf die guten Seiten Ihrer Mitmenschen. Über kurz oder lang werden Sie entsprechend positive Reaktionen erfahren.

Vorsatzformel: Ich mag die Menschen, mit denen ich es zu tun habe.

Die Liebe pflegen

Ein jeder, dem gut und bieder das Herz ist, liebt sein Weib und pflegt sie mit Zärtlichkeit

(Homer)

Die Liebe ist, vor allem wenn sie noch ganz frisch und intensiv ist, das Gefühl, das uns am tiefsten zu berühren vermag. Leider verliert sich diese Intensität mit der Zeit durch die Probleme des Alltags. Wir können jedoch viel dafür tun, sie lebendig zu halten.

Führen Sie sich immer wieder vor Augen, was Sie an ihrem Partner lieben. Sagen Sie ihm das oft. Zeigen Sie Ihre Liebe auf die unterschiedlichsten Arten. Überraschen Sie Ihren Partner immer wieder mit einer kleinen Aufmerksamkeit. Das hält die Liebe jung und kommt bestimmt irgendwann in ähnlicher Form auf Sie zurück. Viel Nachdenkenswertes über die Liebe finden Sie in den Kapiteln des Hohen Liedes der Bibel.

Vorsatzformel: Ich habe täglich eine liebevolle Überraschung für meinen Partner / meine Partnerin bereit.

Sich nicht über den anderen ärgern

Ersticke deinen Ärger, solange er klein ist

(Slowakisches Sprichwort)

Immer wieder passiert es, dass wir uns über unsere Mitmenschen so richtig ärgern. Oft sind es nur Kleinigkeiten, die uns auf die sogenannte Palme bringen. Aber ob der Ärger groß oder klein ist, ist völlig egal. Der Adrenalinspiegel steigt, wir sind gestresst.

Halten Sie bei aufkommendem Ärger mit folgender kleinen Übung dagegen:

Denken Sie ein deutliches HALT! Lassen Sie vor Ihrem inneren Auge ein Stoppschild wie im Straßenverkehr erscheinen. Ziehen Sie dann kurz Ihre Schultern nach oben und atmen Sie dabei ein. Dann die Schultern fallen lassen und lange und tief ausatmen. Danach drei- bis fünfmal ein- und jeweils möglichst etwas länger ausatmen.

Vorsatzformel: Ärger über meinen Mitmenschen ist mir fremd.

Locker und tolerant sein

Das Beste, was wir auf dieser Welt tun können, ist: Gutes tun, fröhlich sein und die Spatzen pfeifen lassen

(Don Bosco)

Nicht immer kommen wir mit unseren Mitmenschen klar. Wir unterliegen Schwankungen in unserer Stimmung. Mal vertragen wir mehr Ärger, mal weniger. Auch die Optimistenbrille haben wir öfter abgelegt.

Das vorgenannte Zitat sagt in wenigen Worten, wie Sie es mit Ihrem Umfeld leichter haben können:

◆ Überprüfen Sie Ihre Tätigkeiten daraufhin, ob sie den Menschen guttun, helfen oder nützen.

◆ Erlangen oder behalten Sie eine positive Grundstimmung so oft wie möglich.

◆ Versuchen Sie, gegenüber anderen tolerant und verständnisvoll zu sein. Sehen Sie über kleine Macken bei Ihren Mitmenschen hinweg.

Vorsatzformel: Ich helfe anderen, bin gut drauf und tolerant.

Das gute Gefühl der Nächstenliebe

Du sollst deinen Nächsten lieben wie dich selbst

(3. Mose 19, 18)

Das Gebot der Nächstenliebe findet sich nicht nur in den Predigten von Jesus im Neuen Testament, sondern bereits in den fünf Büchern Mose. Es ist also eine sehr alte und zeitlose Regel.

Wenn wir mit unseren Mitmenschen klarkommen wollen, müssen wir zuerst mit uns selbst im Reinen sein und uns selbst lieben. Wir müssen versuchen, mit unserem Leben, mit unserem Beruf und mit unseren Verhältnissen zufrieden zu sein. Alle diese Dinge gilt es dann auf unseren Mitmenschen zu übertragen. So wie wir uns lieben, müssen wir auch unsere Mitmenschen lieben.

Bringen Sie Ihren Mitmenschen genau die Gefühle entgegen, die auch Ihnen und Ihrem Inneren guttun. Schätzen Sie die Eigenschaften Ihrer Mitmenschen. Auch dies wird dann wieder als positive Reaktion auf Sie zurückfallen. Jesus übrigens bezeichnete diese Regel als eine der wichtigsten überhaupt.

Vorsatzformel: Ich bringe mir und .... (Name einsetzen) gute Gefühle entgegen.

Meditation für das Wohl der Seele

Der Umgang mit Menschen gipfelt da, wo Seelen sich in ihrer Tiefe begegnen

(Eduard Spranger)

Oftmals haben wir tief in unserem Inneren ein schlechtes Gefühl, wenn wir an unangenehme Zeitgenossen denken. Ist es dann noch ein Vorgesetzter oder eine Person innerhalb unseres näheren Verwandtenkreises, können wir denjenigen gar nicht so ohne Weiteres aus unserem Umfeld verbannen. Manchmal geraten wir auch in einen heftigen Streit mit jemandem, den wir eigentlich lieben und der uns etwas bedeutet. Tief im Inneren fühlen wir uns dann traurig.

Versuchen Sie es jetzt einmal mit folgender kleinen Meditation, die Ihre Seele erleichtern und unbemerkt die Seele des anderen zu beeinflussen vermag:

Setzen Sie sich in einer Pause oder abends bequem hin. Schließen Sie die Augen und machen Sie einige ruhige und gleichmäßige Atemzüge. Lassen Sie jetzt in Ihrem Kopf Bilder entstehen, die den betreffenden Mitmenschen zufrieden und erfolgreich bei der Ausübung einer Tätigkeit zeigen.

Senden Sie ihm oder ihr jetzt noch einige wohlmeinende Wünsche zu und überlassen Sie die Umsetzung einer höheren Macht.

Mancher, der diese Übung schon probiert hat, wurde von den Auswirkungen positiv überrascht. Zumindest können Sie in Ihrem eigenen Inneren wieder ein gutes Gefühl erlangen.

Vorsatzformel: Ich wünsche .... (betreffende Person einsetzen) Glück und Erfolg.

Freundschaften suchen

Begründe Freundschaften mit denen, die aufrichtig sind, mit denen die verständnisvoll sind und mit denen, die kenntnisreich sind

(Konfuzius)

Wir alle haben schon verspürt, dass uns besonders in schwierigen Zeiten menschliche Freundschaft und Unterstützung enorm helfen können. Auch bei der Umsetzung von Vorhaben sind gute zwischenmenschliche Beziehungen und freundschaftliche Kontakte immer von Vorteil. Versuchen Sie jedoch, keine Freundschaften zu begründen nur um des Vorteils wegen. Dies wäre zu oberflächlich und würde nie funktionieren.

Suchen Sie die Freundschaft von Menschen, die über die im Zitat genannten Eigenschaften verfügen. Ziehen Sie auch den Umkehrschluss und arbeiten Sie selbst an Eigenschaften wie Aufrichtigkeit, Verständnis, Wissen und Lebenserfahrung (Weisheit). Sie werden dann Gleichgesinnte anziehen.

Vorsatzformel: Ich suche und finde gute Freunde.

Das Wohl des Mitmenschen fördern

Indem wir das Wohl anderer anstreben, fördern wir unser eigenes

(Platon)

Es ist eine natürliche Eigenschaft von uns, dass wir zuerst auf unser eigenes Wohlergehen bedacht sind. Dann erst schauen wir, wie wir das Wohl unserer Mitmenschen fördern können. Um jedoch unsere Vorhaben erfolgreich umsetzen zu können, brauchen wir wohlmeinende Mitmenschen. Eines der ewig gültigen Gesetze lautet, dass alles, was wir unseren Mitmenschen entgegenbringen, in irgendeiner Form wieder zurückkommt.

Nehmen Sie folgende Regeln in Ihr Denken und Handeln auf:

Schenken Sie Ihren Mitmenschen Anerkennung. Beginnen Sie damit in Ihrer Familie.

Wünschen Sie Ihren Mitmenschen stets Positives und schenken Sie ihnen Bewunderung.

Spenden Sie einen kleinen Teil Ihres Lohns oder einen Teil Ihrer Zeit für Organisationen, die Menschen helfen. All diese Dinge werden mit Sicherheit irgendwann auf Sie zurückfallen.

Fördern Sie das Wohl Ihrer Mitmenschen und somit als (automatische) Gegenreaktion Ihr eigenes Wohlergehen.

Vorsatzformel: Ich fördere das Wohl meiner Mitmenschen, indem ich heute .... (Tätigkeit einsetzen).

Den Mitmenschen Nutzen bringen

Niemand suche das Seine, sondern was dem andern dient

(I. Korinther 10, 24)

Bei der Planung eines Vorhabens oder einer neuen Tätigkeit denken wir in der Regel immer zuerst an uns und an den Vorteil, den wir daraus ziehen.

Viel wichtiger ist jedoch, dass der andere seinen Nutzen in unserem Vorhaben oder in unseren Plänen erkennt. Der Mensch ist immer für das am besten zu gewinnen, bei dem er den größten Nutzen für sich selbst erkennt.

Betrachten Sie Ihre Pläne also stets aus der Warte Ihrer Mitmenschen, Ihres Chefs, Ihrer Kollegen oder Ihrer Kunden. Bringen Sie mit Ihren Tätigkeiten anderen einen Nutzen, kommt das entsprechende Honorar automatisch.

Vorsatzformel: Ich diene mit meinem Plan meinen Mitmenschen.

Spenden und Abgeben

Du sollst alle Jahre den Zehnten absondern von allem Ertrag deiner Saat, der aus deinem Acker kommt

(5. Mose 14, 22)

Mit dem Einhalten dieser uralten Regel tun wir uns alle, die wir mit dem Monatseinkommen genau rechnen müssen, sehr schwer. Weil jedoch das Spenden auch für den Geber segensreiche Wirkung hat, sollten wir uns mit dem Gedanken des Spendens befassen. Es zählen beim Spenden und Geben nicht nur materielle Werte. Auch das Mitwirken, zum Beispiel in einer gemeinnützigen Organisation als Helfer oder Betreuer, zählt. Hier gilt der zeitliche ehrenamtliche Aufwand, der in die Sache investiert wird, als die eigentliche Spende.

Vorsatzformel: Ich spende regelmäßig einen kleinen Teil meines Vermögens / Gehalts (meiner Zeit).

Gerne und mit Liebe spenden

Kleine Gaben werden groß, bergen sie viel Lieb im Schoß

(Jüdisches Sprichwort)

Oftmals tätigen wir nur eine Spende, weil sie in unsere Steuererklärung passt. Gelegentlich entwickelt sich in uns sogar ein Gefühl der Reue. Wir überlegen uns, ob wir mit dem Geld nicht doch etwas Besseres hätten anfangen können.

Beim Spenden gilt jedoch die uralte Grundregel, gerne und mit Liebe zu geben und zu spenden. Lassen Sie daher Ihre Spende wirklich von Herzen kommen. Die positiven Gedanken, die Sie dabei empfinden, sinken in Ihr Unterbewusstsein ab und sorgen für ein gutes Gefühl. Spenden Sie jedoch nie mit dem Vorsatz, Ihnen möge dadurch viel Gutes passieren. Geben Sie einfach nur gerne. Der Rest kommt von alleine.

Vorsatzformel: Meine Spenden kommen von Herzen.

Auch kleine Gaben zählen

Kleine Wohltaten im rechten Augenblick können für den Empfänger sehr groß sein

(Demokrit)

Bei den mittlerweile sehr beliebt gewordenen Sendungen im Fernsehen, in denen wir nach Katastrophen zum Spenden aufgefordert werden, kommt es immer wieder schön zum Ausdruck: Neben den großen Spenden von wohlhabenden Menschen, die sich manchmal im sechs- oder gar siebenstelligen Bereich bewegen, gibt es auch die kleinen Spenden mit fünf oder zehn Euro. Junge Menschen oder Kinder spenden ihr Taschengeld. Beides zählt und beides hilft. Genauso wertvoll sind auch kleine Gesten und Hilfen gegenüber unseren Mitmenschen.

Achten Sie auf die kleinen Hilfsmöglichkeiten im Alltag. Schenken Sie zum Beispiel Ihren Mitmenschen ein wenig von Ihrer Zeit und Aufmerksamkeit. Schenken Sie ein Lächeln oder ein Lob. Machen Sie einem ängstlichen Menschen Mut. Kleine Gesten können große Dinge bewirken.

Vorsatzformel: Ich finde die Gelegenheit für eine kleine Wohltat.

Schenken bereitet Freude

Es ist schön, den Augen dessen zu begegnen, dem man soeben etwas geschenkt hat

(Jean de La Bruyère)

Am schönsten lässt sich die Wirkung des Schenkens an den Weihnachtstagen beobachten. Wenn wir jemandem ein Geschenk gemacht haben, bei dem wir uns viel überlegt haben, erzeugen wir fast immer eine wunderbare Reaktion, die uns dann selbst mit Freude erfüllt. Wichtig ist dabei zu schenken, ohne ein Gegengeschenk zu erwarten. Dies kann der Türöffner zu Glück und Freude sein.

Schenken Sie stets gerne und freuen Sie sich an der Freude des Beschenkten. Irgendwann kommt dann mit Sicherheit etwas Gutes zurück.

Vorsatzformel: Ich freue mich an der Freude über mein Geschenk.

Die Kunst des Dankens

Keine Schuld ist dringender als die, Dank zu sagen

(Marcus Tullius Cicero)

In der Regel erwarten wir einen kleinen Dank, wenn wir jemandem etwas geschenkt oder gegeben haben. Bekommen wir diesen nicht, sind wir sehr enttäuscht. Beim nächsten Mal gibt es dann wohl kein Geschenk mehr für den anderen.

Achten Sie auf zweierlei: Seien Sie nicht zu sehr enttäuscht, wenn Sie für eine gute Tat oder ein Geschenk keinen Dank ernten. Manchmal ist es nur Gedankenlosigkeit des Beschenkten. Oft kommt der Dank dann von höherer Seite und völlig unerwartet.

Versuchen Sie, es selbst richtig zu machen. Bedanken Sie sich aufrichtig für eine erhaltene Gabe. Bringen Sie Ihren Kindern oder Enkeln die Wichtigkeit des Dankens bei.

Vorsatzformel: Ich bedanke mich für Erhaltenes.

Übungen für die Liebe

Die Liebe sieht nicht mit den Augen, sondern mit dem Herzen

(Shakespeare)

In fast allen Religionen ist das Herz der Sitz und das Symbol für die Liebe. Genauso spiegelt der Bauch den Zustand des Herzens wieder. Ist der Bauch angespannt oder unter Druck, ist das Herz verschlossen. Im Yoga finden Sie viele Übungen, die das Herz positiv beeinflussen.

Nachfolgend zum Kapitel- und Tagesabschluss eine Übung, mit der das Herz geöffnet und für positive Gefühle und Gefühle der Liebe zugänglich gemacht wird. Sie kann sitzend oder liegend ausgeführt werden:

◆ Atmen Sie tief ein und dehnen Sie den Bauch dabei aus.

◆ Jetzt ausatmen und dabei den Bauch weitmöglichst einziehen. Den Bauchnabel in Richtung Wirbelsäule ziehen.

- Anschließend die Luft so lange wie möglich anhalten.
- Danach die Luft völlig automatisch wieder einfließen lassen, bis tief in den Brustkorb hinein.

Dies öffnet, so die Yogalehre, das Herz.

- Jetzt die Augen schließen und einige Male tief und regelmäßig aus- und einatmen.
- Sodann das Bewusstsein auf den Bauch richten; beim Einatmen hebt sich der Bauch, beim Ausatmen senkt er sich.
- Entlassen Sie negative Gefühle wie Ärger, Schmerz, Kummer beim Ausatmen. Mit jedem Atemzug wird der Bauch lockerer, durchlässiger und unverkrampfter. Sie erzielen dabei auch positive Wirkungen auf Ihr Herz. Versuchen Sie zum Schluss, noch ein wenig Ihr Herz zu erspüren und zu beachten.

Danach öffnen Sie wieder Ihre Augen.

Um eine Wirkung zu erzielen, muss diese Übung immer wieder gemacht werden. Neigen Sie zu Schwindel oder haben Sie generelle Probleme mit der Lunge, sprechen Sie vor der Durchführung vorsichtshalber mit einem Arzt.

Mittwoch:
Körperliche Fitness und Gesundheit

Der Körper ist die leibliche Hülle, die alles zusammenhält. Ist diese Hülle nicht mehr intakt, sind oder werden wir krank. Eine körperliche Krankheit, ausgelöst durch falsche Ernährung, durch eine unsolide Lebensweise oder durch Bewegungsmangel, strahlt auf unsere Psyche aus und lässt auch diese unter Umständen krank werden. Genauso ist es im umgekehrten Fall. Pflegen wir falsche und negative Gedanken, strahlen diese auf unser körperliches Befinden aus und führen zu Erkrankungen unserer Organe. Körper, Geist und Seele stehen in Abhängigkeit zueinander.

In diesem Kapitel erhalten Sie viele Anregungen, wie Sie Ihren Körper durch gesunde Ernährung, Sport und Bewegung fit halten. Dies ist die Voraussetzung für mentales und geistiges Leistungsvermögen. In den nachfolgenden Tageskapiteln wird auf das Denken und auf seelische Aspekte eingegangen, die dann wiederum auf den Körper Einfluss haben.

Gesundheit steht über allem

Gesund und frisch sein ist besser als alles Gold, und ein gesunder Körper ist besser als großes Gut

(Sirach 30, 15)

Erfolgreich zu sein und dabei möglichst viel Geld zu verdienen, sind heute Ziele vieler Menschen. Wir arbeiten hart, um diese Ziele zu erreichen, sowohl körperlich als auch geistig.

Manchmal gehen wir dabei bis zur völligen Erschöpfung. Erst dann, wenn eine Krankheit schon da ist, erkennen wir die Signale. Dann jedoch kann es auch zu spät sein.

Lassen Sie es nicht so weit kommen. Schon mit drei Grundregeln können Sie viel erreichen:

- Ernähren Sie sich gesund und trinken Sie ausreichend.
- Bewegen Sie sich regelmäßig, indem Sie einen Ausdauersport betreiben.
- Denken Sie positiv. Pflegen Sie Ihr Denken und Ihr Seelenleben.

Achten Sie auf Ihre Gesundheit. Sind Sie nicht mehr gesund, können Sie im Berufsleben nur noch mit großer Mühe erfolgreich sein, wenn überhaupt.

Vorsatzformel: Ich achte auf meine Gesundheit.

Körper und Geist als Einheit

Vor allem wegen der Seele ist es nötig, den Körper zu üben, und gerade das ist es, was unsere Klugschwätzer nicht einsehen wollen

(Jean-Jacques Rousseau)

Das inhaltlich ähnliche Sprichwort »In einem gesunden Körper wohnt ein gesunder Geist« haben wir alle irgendwann schon einmal gehört. Wir lernen daraus, dass Körper und Geist beziehungsweise Seele eng zusammenhängen. Ist die Seele nicht gesund, kommt das mit der Zeit auch durch körperliche Gebrechen zum Ausdruck. Pflegen wir unseren Körper nicht und achten nicht auf unsere Gesundheit, leidet mit der Zeit auch die Psyche.

Sie können für Ihre Gesundheit also auf zwei verschiedene Arten etwas tun. Halten Sie zum einen mit gesunder Ernährung und regelmäßiger Bewegung Ihren Körper gesund. Achten Sie zum anderen auf eine positive und optimistische Denkweise.

Vorsatzformel: Ich pflege regelmäßig meinen Körper und mein Denken.

Aktiv bis ins hohe Alter

Alte Stiefel bedürfen viel Schmierens

(Deutsche Redensart)

Wenn wir Menschen, die sehr alt geworden sind, nach dem Geheimnis Ihres Jungbleibens befragen, erhalten wir oft die Antwort, dass sie sich in hohem Maß körperlich betätigt haben. Gerade für Menschen, die im Büro arbeiten, ist Bewegungsmangel ein Hauptgrund vieler Erkrankungen, vor allem des Herzens.

Treiben Sie also regelmäßig Sport – dafür sind Sie nie zu alt! Bleiben Sie immer in Bewegung. Informieren Sie sich über das Angebot Ihres örtlichen Sportvereins. »Schmieren« Sie ständig Ihre Gelenke und Muskeln durch viel Bewegung.

Vorsatzformel: Ich bewege mich und treibe Sport.

Laufen ist gut für Herz und Gemüt

Ein fröhliches Herz tut dem Leibe wohl; aber ein betrübtes Gemüt lässt das Gebein verdorren

(Sprüche 17, 22)

Alle gerade angesprochenen Bereiche, vom Gemüt über das Herz, bis zu den Gliedmaßen, fordern und fördern wir beim Laufen. Es fällt uns jedoch schwer, für Bewegung zu sorgen, wenn das Herz erst einmal erkrankt ist. Beugen Sie vor und machen Sie es sich zur Gewohnheit, mindestens zweimal pro Woche circa eine halbe Stunde bis Stunde zu laufen. Achten Sie dabei auf folgende Punkte:

- Laufen Sie nicht zu schnell und mit übertriebenem Ehrgeiz.
- Kaufen Sie sich gute Laufschuhe.
- Laufen Sie am besten mit jemandem zusammen, das macht mehr Spaß.

Beim Laufen stellen sich folgende Wirkungen ein:

- Ihr Gehirn wird mit Sauerstoff versorgt und Glückshormone werden freigesetzt.
- Leichte Depressionen können weichen. Sie beugen also dem zweiten Teil des Spruchs vor (»ein betrübtes Gemüt lässt das Gebein verdorren«).
- Es kommen Ihnen wunderbare Ideen.
- Sie verbrennen Fett und entschlacken somit Ihren Körper.
- Sie trainieren Ihr Herz und Ihre Muskulatur.

Ähnliche Wirkungen erzielen Sie auch mit anderen Ausdauersportarten wie Schwimmen, Radfahren oder Nordic Walking.

Vorsatzformel: Ich finde regelmäßig Zeit für Ausdauersport.

Unmäßigkeit vermeiden

Viele haben sich zu Tode gefressen; wer aber mäßig isst, der lebt desto länger

(Sirach 37, 34)

Wir alle haben manchmal das Bedürfnis, besonders wenn ein Essen ganz hervorragend schmeckt, mal so richtig über den Hunger hinaus zu essen. Dies kann auch ruhig einmal der Fall sein, aber es darf nicht zur Regel werden. Im Regelfall sollte man beim ersten Gefühl von Sättigung die Mahlzeit beenden. Unmäßigkeit zu vermeiden, das gilt auch beim Konsum von Alkohol oder Medikamenten.

Vorsatzformel: Ich überprüfe regelmäßig meine Ess- und Trinkgewohnheiten.

Ernährungsempfehlung der Krankenkassen

Mein Kind, prüfe, was für deinen Leib gesund ist; und sieh, was für ihn ungesund ist, das gib ihm nicht

(Sirach 37, 30)

Durch die zahlreichen Informationen, die wir in allen möglichen Quellen – wie in Büchern, Zeitschriften oder im Internet – finden, verlieren wir manchmal die Übersicht, wie denn eine gesunde und richtige Ernährung aussehen sollte. Nicht alle Informationen sind solide und unbedingt richtig. Was gestern erforscht wurde, kann heute schon wieder falsch sein.

Deshalb habe ich an dieser Stelle für Sie eine zusammenfassende Ernährungsempfehlung der Krankenkassen. Sie gilt für Menschen, die hauptsächlich eine Büro- oder geistige Tätigkeit ausüben. Schwer körperlich arbeitende Menschen oder Leistungssportler müssen natürlich einen anderen Maßstab anlegen und benötigen mehr Kalorien.

Essen Sie täglich:

◆ circa 400 Gramm Gemüse oder Salat, analog circa 100 Gramm Hülsenfrüchte,

◆ ungefähr 250 Gramm Obst (es gilt auch die Formel: fünfmal täglich in kleinen Mengen Obst oder Gemüse),

◆ 30 Gramm Koch- oder Streichfette beziehungsweise Öle, vorzugsweise Olivenöl,

- 300 Gramm Brot (dies sind circa fünf bis sechs Scheiben), dazu zwei Scheiben fettarme Wurst, bevorzugt Schinken,
- einen Viertelliter Milch, auch Joghurt oder Dickmilch mit möglichst niedrigem Fettgehalt plus
- zwei Scheiben Käse,
- durchschnittlich fünf bis sechs Kartoffeln oder circa 100 Gramm Nudeln (Rohgewicht), alternativ circa 60 Gramm Reis.

Essen Sie pro Woche:

- eine Fischmahlzeit, zwei- bis dreimal ein Ei, zwei- bis dreimal pro Woche circa 150 Gramm Fleisch.

Dies sind natürlich Richtlinien. Wer auf ärztliches Anraten Diät halten muss, für den gelten selbstverständlich andere Vorgaben. Ernährungsempfehlungen gibt es auch im Yoga. Diese wiederum sind stark vegetarisch orientiert und wirken sich auf ihre Weise auch positiv auf Ihre Gesundheit aus.

Vorsatzformel: Ich achte auf eine ausgewogene Ernährung.

Regelmäßig trinken

Dem Trockenen macht Gott alles schwerer

(Horaz)

Während eines Arbeitstags passiert es uns immer wieder: Urplötzlich lässt unsere Konzentration nach. Das Denken fällt schwer. Dies ist meistens ein Hinweis darauf, dass wir zu wenig getrunken haben, denn für das Gehirn ist ausreichende Flüssigkeitszufuhr das A und O. Empfohlen wird bei normaler körperlicher Betätigung eine Flüssigkeitsaufnahme von ungefähr eineinhalb bis zwei Litern pro Tag. Bei großer Hitze und starker körperlicher Betätigung muss natürlich entsprechend mehr getrunken werden.

Trinken Sie vor allem regelmäßig und in kleineren Mengen. Warten Sie vor allem nicht, bis sich ein Durstgefühl einstellt. Empfehlenswert ist Mineralwasser, eventuell auch mit Fruchtsaft gemischt. Stark gezuckerte Getränke sind zu vermeiden.

Vorsatzformel: Ich trinke regelmäßig und ausreichend.

Trinken und Denken gehören eng zusammen

Wenn ich trinke, denke ich und wenn ich denke, trinke ich

(Francois Rabelais)

Sehr vieles über die Philosophie des Trinkens sagt uns dieser Spruch. Zum einen unterstützt uns das Trinken, zum Beispiel von einem Glas Wein oder Bier, beim Denken, Philosophieren und Diskutieren. Umgekehrt ist es wichtig, das Gehirn beim Denken mit ausreichend Flüssigkeit zu versorgen. Hier sollte es wiederum nicht in aller Regelmäßigkeit Alkohol sein, sondern Mineralwasser oder Tee.

In Bezug auf die Gesundheit wird von vielen ein Glas Rotwein am Abend geschätzt. Rotwein hält das Herz gesund und sorgt für eine entspannte Feierabendatmosphäre.

Vorsatzformel: Ausreichend trinken fördert mein Denken und meine Gesundheit.

Weniger essen am Abend

Und wenn der Magen mäßig gehalten wird, so schläft man gut und kann früh am Morgen aufstehen und fühlt sich wohl

(Sirach 31, 23)

Oftmals haben wir am Abend Schwierigkeiten mit dem Einschlafen und anschließend mit dem Durchschlafen. Ein Grund dafür kann sein, dass wir in den Abendstunden noch viel oder etwas Schweres gegessen haben.

Prüfen Sie Ihre Ess- und Trinkgewohnheiten daraufhin, was Sie abends noch alles zu sich nehmen. Halten Sie sich, wenn möglich, an die Regel, nach 18 Uhr keine großen Mahlzeiten mehr zu sich zu nehmen. Vermeiden Sie koffeinhaltige Getränke und zu viel Alkohol. Essen Sie später allenfalls noch eine Banane und trinken Sie kurz vor dem Einschlafen höchstens noch ein Glas Honigmilch oder einen beruhigenden Tee. Sie werden dann mit einem guten Schlaf belohnt. Außerdem tun Sie gleich Gutes für Ihr Idealgewicht.

Vorsatzformel: Abends esse und trinke ich nur mäßig.

Bewusst und mit allen Sinnen essen

So gehe hin und iss dein Brot mit Freuden

(Prediger 9, 7)

Bei vielen unserer Mahlzeiten essen wir zwar gesund und kalorienbewusst, sind aber mit unseren Gedanken überall, nur nicht beim Essen. Ebenso oft kreisen unsere Gedanken um die Frage, ob uns das, was wir gerade zu uns nehmen, auch wirklich guttut.

Seien Sie wenigsten bei einer Mahlzeit am Tag mit all Ihren Sinnen beim Essen! Riechen Sie die Düfte der verschiedenen Beilagen, lassen Sie sich das Essen möglichst auf der Zunge zergehen. Sehen Sie Ihr Essen an, hören Sie auf die Geräusche beim Zerkleinern und Aufnehmen mit dem Besteck. Sehen, hören, fühlen, riechen und schmecken Sie. Schalten Sie die Gedanken an vermeintlich ungesundes Essen jetzt ab und genießen Sie. Lassen Sie das Essen zu einer Art Meditation werden. Essen Sie konzentriert und mit Freude.

Vorsatzformel: Ich bin bei den Mahlzeiten mit allen Sinnen dabei.

Der Glaube als Hilfe auf dem Weg zur Gesundheit

Danach lass den Arzt zu dir, denn der Herr hat ihn geschaffen …

(Sirach 38, 12)

Wenn wir unter einer schweren körperlichen Krankheit leiden, der Verstand jedoch noch gut funktioniert, fällt es uns oftmals schwer, unseren Glauben zu bewahren. Wir grübeln und zweifeln. Ein Gebet zu sprechen, ist dann eine schwierige Übung.

Wenn Sie während einer schweren Krankheit allmählich wieder auf dem Weg der Besserung sind, versuchen Sie es einfach: Beten Sie und formulieren Sie dabei positive Gedanken. Bedanken Sie sich für erzielte Fortschritte. Ihre Gebete und dabei positiv formulierten Gedanken wirken auch auf Ihr Unbewusstes und können Ihnen guttun.

Manchmal jedoch verspüren wir am eigenen Leib, dass Glaube und positives Denken alleine nicht reichen. Wir brauchen einen Fachmann, den Arzt, der uns beim Gesundwerden unterstützt. Vertrauen Sie deshalb Ihrem Arzt und unterstützen Sie sein Handeln durch positives Denken und durch Ihre Gebete. Die Kombination aus allem vermag den gesundheitlichen Erfolg zu erzielen.

Übrigens, die Verse aus Sirach 38,1–15 behandeln die Themen Arzt, Glaube und Gesundheit. Lesen Sie doch einfach mal nach.

Vorsatzformel: Mein Arzt und meine Gedanken machen mich gesund.

Täglich entspannen durch regelmäßiges und ruhiges Atmen

Wenn der Atem wandert und unregelmäßig ist, ist auch der Geist unruhig. Aber wenn der Atem ruhig ist, so ist es auch der Geist und der Yogi lebt lange!

(Frei aus der Hatha-Yoga-Pradipika, einer klassischen Yogaschrift)

Wenn wir unter Druck oder unter Stress stehen, atmen wir häufig zu flach und zu schnell. Dies ist ein normaler Vorgang, wie er immer wieder passiert, wenn wir uns in einem Angstzustand beziehungsweise einer Fluchtreaktion befinden. Es ist jedoch wichtig, anschließend die Atmung in einen ruhigen Zustand zurückzuführen. Indem wir ruhig atmen und den Stress dadurch reduzieren, leisten wir einen wertvollen Beitrag zur körperlichen Gesundheit. Die Durchblutung der Organe und besonders des Herzens ist gewährleistet. Achten Sie deshalb regelmäßig auf Ihre Atmung, am besten täglich. Atmen Sie immer wieder bewusst. Ihre Ausatmung sollte im Stressfall stets etwas länger dauern als der Vorgang des Einatmens.

Hier eine recht einfache Atemübung, die vor allem hilft, den Atem und seine Wirkung im Körper zu erspüren. Sie nennt sich Tiefenatmung:

- Setzen Sie sich aufrecht hin oder legen Sie sich hin.
- Legen Sie eine Hand auf den Bauch, die andere auf die Brust.
- Atmen Sie jetzt tief in den Bauch hinein. Dabei sollte sich die Hand auf der Brust nicht bewegen. Die Hand auf dem Bauch hebt sich.
- Jetzt kurz die Luft anhalten und dann lange und gleichmäßig ausatmen. Die Hand auf dem Bauch senkt sich wieder.

Bei der zweiten Variante beziehen Sie die Brust mit ein und erweitern so Ihre Atmung bewusst in den Brustbereich hinein.

- Legen Sie wieder eine Hand auf den Bauch und die andere auf die Brust.

◆ Lassen Sie jetzt den Atem zuerst in den Brustbereich hineinfließen. Dabei hebt sich die Hand, die auf der Brust liegt.

◆ Atmen Sie anschließend in den Bauch hinein. Auch hier hebt sich spürbar die Hand.

◆ Atmen Sie jetzt zuerst über den Bauch aus, wobei sich dort die Hand sichtbar senkt.

◆ Danach ziehen Sie die Brust ein und lassen die Luft aus diesem Bereich ausfließen.

Atmen Sie stets ausdauernd und gleichmäßig. Die Brust-Bauch-Atmung erfordert auch eine gewisse Übung. Wird sie beherrscht, sorgt sie für eine wunderbare Sauerstoffversorgung der körperlichen Organe.

Vorsatzformel: Ich achte regelmäßig auf meine Atmung.

Donnerstag:
Geistige Fitness und mentale Stärke

Jede Handlung beginnt mit einem Gedanken. Die Handlung hat also im Geist des Menschen ihren Ursprung. Jede große Erfindung begann mit einer Idee. Die großen Erfinder hatten irgendwo tief in ihrem Geist eine Inspiration und entwickelten eine manchmal vielleicht auch nur vage Vorstellung. Diese setzten sie dann über alle Hindernisse hinweg in die Tat um.

Mit unseren Gedanken beeinflussen wir auch unser Befinden. Grundsätzlich kann gesagt werden, dass Gedanken, die wir in der Vergangenheit gehegt und gepflegt haben, für unseren heutigen Zustand verantwortlich sind. Genauso können wir mit unserem heutigen Denken unsere Zukunft in die entsprechende Bahn lenken. Mentales Training, positives Denken, einhergehend mit regelmäßiger Pflege und Beobachtung unseres Denkens, können uns also auf einen guten Weg bringen.

Gedankenhygiene betreiben

> **Achte auf deine Gedanken, denn sie werden Worte. Achte auf deine Worte, denn sie werden Handlungen. Achte auf deine Handlungen, denn sie werden Gewohnheit!**
>
> *(Talmud)*

Jede Handlung in unserem Leben beginnt mit einem Gedanken. Die Gedanken haben Auswirkungen auf unser Handeln. Unsere Handlungen wiederum erzeugen Reaktionen und Gegenreaktionen unserer Mitmenschen. Die Reaktionen unserer Mitmenschen wiederum beeinflussen dann unsere weiteren Gedanken und Reaktionen. Im Prinzip also ein Kreislauf aus Reaktion und Gegenreaktion, ausgelöst durch unser Denken. Deshalb ist es von enormer Wichtigkeit, unsere Gedanken ständig zu beobachten und auf die Auswirkungen zu überprüfen.

Betreiben Sie eine ständige Gedankenhygiene. Fragen Sie sich, was Ihre Gedanken und Ideen in Ihrem Umfeld an Auswirkungen und Reaktionen erzeugen könnten. Überprüfen Sie im Fall eines negativen Ereignisses, das Sie getroffen hat, Ihre Gedanken in diesem Zusammenhang. Überprüfen Sie mit Hilfe Ihrer Mitmenschen Ihre eventuell schlechten Gewohnheiten. Ersetzen Sie Gedanken der Angst, des Neids, der Bosheit, des Hasses durch Gedanken des Muts, des Wohlwollens und der Liebe. Lassen Sie Ihren Mitmenschen positive Gedanken zukommen.

Vorsatzformel: Gute Gedanken bringen mich weiter.

Spielerisch die Gedanken pflegen

Das Spiel gleicht einer Erholung, und da man nicht ununterbrochen arbeiten kann, bedarf man der Erholung

(Aristoteles)

Vor allem in unserer Freizeit wissen wir manchmal nicht, was wir tun sollen. Wie wäre es, einfach ein anspruchsvolles Spiel zu spielen? Forschungsergebnisse zeigen, dass durch Spielen auch Erwachsene sowohl ihr mentales Denken trainieren als auch etwas für ihre Gesundheit und Erholung tun können. So wurde zum Beispiel festgestellt, dass ein Denkspiel wie Schach gegen schädliche Ablagerungen im Gehirn wirksam sein kann. Außerdem wird in erheblichem Maß die Konzentration und mentale Ausdauer trainiert.

Fordern Sie regelmäßig Ihren Geist, indem Sie also Schach oder auch etwas einfachere Denkspiele wie Dame oder Mühle spielen. Auch das in Mode gekommene Zahlenspiel Sudoku fordert und fördert die grauen Gehirnzellen.

Vorsatzformel: Denkspiele fordern meinen Geist und halten ihn gesund.

Der Sturm in unseren Gedanken

Erreiche den Gipfel der Leere, bewahre die Fülle der Ruhe und alle Dinge werden gelingen

(Laotse)

49

Viel zu oft hängen wir trüben Gedanken nach. Wir sind voller Angst und Sorge. Dann ist es wichtig, seine Gedanken zuerst zur Ruhe zu bringen. Stellen Sie sich Ihre Gedanken wie ein randvolles Glas Wasser vor. Erst wenn Sie dieses Glas mit vielleicht abgestandenem Wasser zumindest teilweise entleeren, findet sich Platz für neues, kostbares Wasser.

Erreiche den Gipfel der Leere: Diese Leere können Sie finden, indem Sie sich zum Beispiel täglich ein wenig Zeit (zehn bis fünfzehn Minuten) einplanen und autogenes Training oder Meditation üben.

Ihre Gedanken kommen zur Ruhe und es findet sich Raum für neue Gedanken und neue Ideen.

Vorsatzformel: Meine Gedanken kommen zur Ruhe.

Denken Sie angstfrei und positiv

Denn was ich gefürchtet habe, ist über mich gekommen, und wovor mir graute, hat mich getroffen

(Hiob 3, 25)

Dieses Zitat ist eine der grundlegendsten Weisheiten, was unser Denken betrifft. Oft schon konnten wir beobachten, dass sich genau das erfüllt hat, was wir befürchtet haben.

Die Regel, dass alles, was Sie intensiv und über einen längeren Zeitraum denken, die starke Tendenz hat, sich zu verwirklichen, gilt seit jeher. Deshalb ist es von enormer Wichtigkeit, die Gedanken ständig zu kontrollieren. Versuchen Sie so oft es geht, Ihre Gedanken in eine positive Richtung zu lenken. Versuchen Sie auch im vermeintlich Negativen das Positive zu sehen. Auch wenn es im Arbeits- und Privatleben einmal steil bergab geht, glauben Sie fest daran, dass nach jedem Abstieg ein Aufstieg erfolgt. Vor allem im Buch Hiob wird dies wunderbar dargestellt.

Nehmen Sie sich in den kommenden Tagen, vielleicht am Sonntag, einmal die Zeit und lesen Sie das ganze Buch Hiob. Nirgends ist das Auf und Ab des Lebens besser beschrieben – in diesem Fall auch gleich noch mit einem guten Ende.

Vorsatzformel: Ich bemühe mich um angstfreies Denken.

Nicht im »Tal der Tränen« versinken

Gib dich nicht der Traurigkeit hin, und plage dich nicht selbst mit deinen eignen Gedanken

(Sirach 30, 22)

Wir alle werden im Leben immer wieder mit Ereignissen konfrontiert, die uns traurig machen. Dies gehört zum Leben. Hätten wir nicht traurige Momente, könnten wir auch keine fröhlichen Momente und Augenblicke des Glücks intensiv verspüren. Manchmal fällt es uns jedoch besonders schwer, die Traurigkeit abzuschütteln. Wenn sie zu sehr von uns Besitz ergreift, verlieren wir erheblich Lebensfreude und Lebensqualität.

Versuchen Sie, Ihre Gedanken nach und nach auf die schönen und glücklichen Momente des Lebens zu richten. Gelingt Ihnen dies nicht allein, scheuen Sie sich nicht davor, professionelle Hilfe in Anspruch zu nehmen. Sprechen Sie vor allem bei schlimmen Ereignissen rechtzeitig mit einem Arzt, einem guten Psychologen, einem Pfarrer oder einem Seelsorger.

Vorsatzformel: Treffen mich harte Schläge, suche ich professionelle Hilfe.

Nicht darüber grübeln, was passieren könnte

Wer das Unheil voraussieht, leidet zweimal

(Beilby Porteus)

In Gedanken haben wir schon so manches Unheil lange vorher kommen sehen. Ungute Gefühle haben uns dann befallen. Mit dem Satz: »Ich habe es kommen sehen« leiten wir daraufhin die zweite Phase ein, nämlich das eigentliche Unheil selbst.

Das vorgenannte Zitat eines amerikanischen Predigers aus dem 18. Jahrhundert handelt von der sogenannten »sich selbst erfüllenden Prophezeiung«, nach der sich genau das zuträgt, was man intensiv fürchtet.

Versuchen Sie, eine negative und angstvolle Ereignisvorschau zu vermeiden. Sonst ist es wirklich so, dass Sie zweimal leiden. Zuerst ist es die Angst vor dem Unheil, das noch gar nicht eingetreten ist. Erfüllt sich die negative Prognose dann tatsächlich, leiden Sie erneut, diesmal aus Kummer oder Ärger.

Vermeiden Sie unheilvolle und angstvoll vorausschauende Gedanken. Suchen Sie stattdessen nach Lösungen und Strategien, wie Sie das Unheil vermeiden können.

Vorsatzformel: Ich blicke mutig und zuversichtlich nach vorne.

Das Leben besteht aus Gewinn und Verlust

Der Herr hat's gegeben, der Herr hat's genommen

(Hiob 1, 21)

Je mehr wir in unserem Leben erreicht haben und je mehr Besitztümer wir aufgehäuft haben, umso mehr können uns Ängste quälen, alles wieder zu verlieren. Unser Denken und unsere mentale Kraft werden dadurch blockiert.

Versuchen Sie, sich von solchen Ängsten zu befreien. Viele Lehrmeister der Meditation und des Yoga weisen darauf hin, dass erst dann, wenn die Ängste vor materiellen Verlusten beseitigt sind, ein angstfreieres und erfülltes Leben möglich ist. Lernen Sie loszulassen. Auch Jesus predigte diese wichtige Weisheit. Nehmen Sie daher in Ihr Denken auf, dass das Leben aus Auf- und Abstiegen, aus Gewinnen und Verlusten besteht. Nichts ist und bleibt für immer.

Vorsatzformel: Einem Abstieg folgt immer ein Aufstieg.

Sich seinen Ängsten stellen

Tue, was du fürchtest, und die Furcht wird dir fremd

(Dale Carnegie)

Unser Denken und Handeln ist oft von Angst gekennzeichnet. Tätigkeiten, die uns mit Angst erfüllen, schieben wir lange vor uns her – sowohl im Arbeits- als auch im Privatleben. Dadurch steigern wir unsere Ängste.

Ein probates Mittel ist, sich diesen Ängsten zu stellen und etwas dagegen zu tun.

Zögern Sie deshalb schwierige Tätigkeiten, unangenehme Gespräche oder problematische Handlungen nicht hinaus. Bereiten Sie sich auf Ihre Aktion sorgfältig vor und führen Sie diese dann zügig durch. Gehen Sie nach folgendem Schema vor:

◆ Wovor habe ich Angst? Konkretisieren Sie Ihre Angst.
◆ Was kann ich tun? Finden Sie mögliche Aktionen. Suchen Sie eventuell auch Rat bei anderen.
◆ Entscheiden Sie sich für eine Aktion und handeln Sie.
◆ Starten Sie Ihre Aktion innerhalb der nächsten 72 Stunden.

Durch ein solches Vorgehen befreien Sie Ihr Denken von einer permanenten Angst und beseitigen eine eventuelle Lähmung beziehungsweise Handlungsunfähigkeit.

Vorsatzformel: Ich stelle mich dem, was mir Angst macht, und starte eine Aktion.

Das Tor zur Vergangenheit schließen

Eins aber sage ich: Ich vergesse, was da hinten ist, und strecke mich aus nach dem, was da vorne ist

(Philipper 3, 13)

Auch dieses Zitat zeigt einen Lösungsansatz, wenn wir über ein Problem aus der Vergangenheit grübeln. Wir müssen versuchen, Vergangenes ruhen zu lassen und nach vorne zu schauen. Zugeben, das ist nicht immer einfach, und je problematischer die Ereignisse in der Vergangenheit waren, umso schwieriger ist es, den Blick nach vorne zu richten.

Lernen Sie aus der Vergangenheit für Ihre zukünftigen Pläne. Denken Sie auch an die biblische Geschichte von Sodom und Gomorra (1. Mose 19, 24). Die Menschen, die dazu ausersehen waren, den vergangenen Sünden und der Vernichtung zu entkommen, durften bei ihrer Flucht nicht mehr zurückschauen. Wer es dennoch tat, erstarrte zur Salzsäule.

Vorsatzformel: Ich lebe in der Gegenwart. Ich richte meinen Blick stets nach vorne.

Die Gedanken pflegen

Rechtes Handeln folgt dem rechten Denken

(Sokrates)

Jeder Handlung geht ein Gedanke voraus. Die Wirkungen unserer Handlungen sind die Konsequenzen unserer Gedanken. Wenn wir also unsere Gedanken in positiver Weise pflegen, erzielen wir auch positive Wirkungen.

Lernen Sie deshalb, Ihre Gedanken stets in eine positive Richtung zu lenken. Versuchen Sie, das Verhältnis von positiven zu negativen Denkmustern in ein Verhältnis von circa 70 Prozent zu 30 Prozent zu bringen. Pflegen Sie Ihre Gedanken und erzeugen Sie dadurch positive Handlungen mit entsprechenden Gegenreaktionen.

Vorsatzformel: Ich achte regelmäßig auf meine Gedanken.

Vorstellungskraft entwickeln

Alle Dinge beginnen mit einer Vision. Sie haben ihren Ursprung in einer Vision, müssen dann aber auch noch ins Werk umgesetzt werden

(Indianische Weisheit)

Jeder von uns verfügt mehr oder weniger ausgeprägt über die Fähigkeit, in seinem Kopf Bilder und Vorstellungen entstehen zu lassen. Bei manchen ist diese Fähigkeit, oftmals auch stressbedingt, einfach nur verschüttet. Vor allem Erfinder, Konstrukteure, Musiker und Schriftsteller verfügen über diese Vorstellungskraft. Alle ihre großen Werke und Erfindungen entstanden zuerst als Bild oder Vorstellung in ihrer Gedankenwelt. Dann setzten sie alles daran, ihre Vision zum Leben zu erwecken.

Was für die großen Dinge gilt, gilt auch für die kleinen. Arbeiten Sie daran, dass Sie sich den Erfolg Ihres Vorhabens genau vorstellen können. Wenn Ihnen das gelingt und Sie anschließend beginnen, ausdauernd und zielstrebig zu handeln, werden Ihre Vorhaben gelingen.

Vorsatzformel: Mein Vorstellungsvermögen wird von Tag zu Tag besser.

Die Vorstellungskraft schulen

Wenn du es träumen kannst, kannst du es auch tun

(Walt Disney)

Nicht immer fällt es uns leicht, von einem Vorhaben eine exakte bildliche Vorstellung zu entwickeln. Wenn uns das jedoch gelingt, ist die Umsetzung des Plans von Erfolg gekrönt.

Bestimmt kennen Sie alle die Zeichentrickfigur von Walt Disney, mit der alles begann. Disney hatte seine Micky Maus zuerst im Kopf und brachte sie dann zu Papier. In dieses Schema passt die nachfolgende Anleitung zum Schulen Ihres bildlichen Vorstellungsvermögens. Es ist gleichzeitig eine Art der Meditation.

Suchen Sie sich eine ruhige Ecke, in der Sie ungestört sind. Begeben Sie sich in einen meditativen Zustand wie im Kapitel zur Meditation beschrieben. Beginnen Sie mit einer Atemübung und bringen Sie so Ihre Gedanken zur Ruhe. Konzentrieren Sie sich jetzt bei geschlossenen Augen auf Ihr sogenanntes drittes Auge. Dieses befindet sich über der Nasenwurzel zwischen den Augen. Versuchen Sie als Erstes ein gleichschenkliges Dreieck mit weißen Linien entstehen zu lassen.

Es ist durchaus möglich, dass Sie zu Beginn nur Schwärze oder Dunkelheit wahrnehmen. Durch regelmäßiges, aber stets entspanntes Probieren wird das Dreieck irgendwann auftauchen. Variieren Sie dann in späteren Meditationen die Figuren und stellen Sie sich ein Kreuz oder eine andere geometrische Figur vor. Entwickeln Sie Ihre Vorstellungskraft weiter und arbeiten Sie mit Gegenständen wie einem Apfel, einer Blüte oder einer Kerze. Haben Sie genug Übung, können Sie menschliche Gesichter oder eine Landschaft vor Ihrem inneren Auge entstehen lassen. Dies geht jedoch nicht von heute auf morgen. Üben Sie beharrlich und regelmäßig.

Vorsatzformel: Ich schule regelmäßig mein Vorstellungsvermögen.

Mentale Ausdauer entwickeln

Ich will euch mein Erfolgsgeheimnis verraten: Meine ganze Kraft ist nichts als Ausdauer

(Louis Pasteur)

Oft geht es uns so, dass wir bei einer langwierigen Aufgabe oder einem umfangreichen Projekt auf halber Strecke aufgeben. Es fehlt uns die Ausdauer. Oft schon wurde ein großes Ziel nur um wenige Meter verfehlt.

Ausdauernd sind Sie dann, wenn Sie Ihre Tätigkeit mit Freude und Begeisterung machen. Ausdauer entwickeln können Sie auch mit Hilfe der Autosuggestion. Lassen Sie immer wieder folgende Aussage in Ihr Denken einfließen: Der Ausdauernde wird sein Ziel erreichen. Ausdauer ist eine der wichtigsten Säulen des Erfolgs. Stellen Sie sich in Ihren Gedanken immer wieder vor, wie Sie mit Ausdauer Ihr Ziel erreichen.

Vorsatzformel: Meine Ausdauer wächst mit jedem Tag.

An das Gelingen glauben

Alle Dinge sind möglich dem, der da glaubt

(Markus 9, 23)

Wenn wir vor dem Umsetzen eines großen Vorhabens stehen, befallen uns manchmal Zweifel, ob uns alles auch so gelingt, wie wir es geplant haben. Je größer und schwieriger das Vorhaben, umso größer werden die Zweifel. Gerade hier liegt aber die Keimzelle des Scheiterns.

Nehmen Sie sich daher den Spruch von Jesus zu Herzen und lernen Sie, an den Erfolg Ihres Vorhabens zu glauben. Jesus selbst hat es vorgelebt. Alle seine vollbrachten Wunder stehen in engem Zusammenhang mit seinem starken Glauben. Denken Sie auch an die großen Errungenschaften und Erfindungen der Menschheit. Sie alle wären nicht gemacht worden, wenn nicht die Erfinder und Tüftler fest an das Gelingen und die erfolgreiche Umsetzung großer Ideen geglaubt hätten. Henry Ford sagte einmal sinngemäß: Egal ob Sie an das Gelingen Ihres Vorhabens glauben oder an das Misslingen, Sie werden in jedem Fall Recht behalten.

Glauben Sie deshalb an den Erfolg Ihrer Pläne. Lesen Sie dazu auch im Neuen Testament von den Wundern, die Jesus vollbrachte. Diese Wunder kamen zustande, weil Jesus einen Glauben hatte, mit dem er quasi Berge versetzen konnte.

Wichtig in diesem Zusammenhang ist jedoch auch zu wissen, dass es persönliche Grenzen gibt, die es zu akzeptieren gilt.

Vorsatzformel: Ich glaube fest an das Gelingen meines Vorhabens. (Konkretisieren Sie dabei Ihr geplantes Vorhaben.)

Selbstvertrauen entwickeln

Ohne Selbstvertrauen ist es schwer zu leben

(Asiatisches Sprichwort)

Wenn wir eine große Aufgabe lösen sollen, spüren wir manchmal, dass uns Selbstvertrauen fehlt. Wir werden von Selbstzweifeln befallen und fragen uns: Sind wir überhaupt imstande, diesen Anforderungen gerecht zu werden? Können wir die Aufgabe lösen oder blamieren wir uns?

Eine Möglichkeit, Selbstvertrauen zu erlangen, ist, sich mit dem vorgenannten Spruch zu beschäftigen. Verinnerlichen Sie die Aussage, denken Sie über den Inhalt nach. Meditieren Sie über diesen Spruch. Mehr Selbstvertrauen können Sie auch erlangen, indem Sie zum Beispiel Rhetorikkurse besuchen, in denen auch Ihre Körpersprache geschult wird. Beobachten Sie andere Menschen, die sich in schwierigen Situationen selbstbewusst verhalten. Lernen Sie quasi am Modell. Besorgen Sie sich Bücher oder CDs, die es zu diesem Thema in großer Zahl gibt. Betreiben Sie regelmäßige Autosuggestion im Rahmen des autogenen Trainings oder einer Meditation. Die nachfolgende Formel oder eine ähnliche kann dabei eine Hilfe sein.

Vorsatzformel: Mein Selbstvertrauen wächst täglich.

Auf seinen inneren Ratgeber hören

Und bleibe bei dem, was dir dein Herz rät; denn du wirst keinen treueren Ratgeber finden

(Sirach 37, 17)

Wenn wir vor einer wichtigen Entscheidung stehen, stellen wir immer wieder fest, dass unser Bauch (beziehungsweise unser Herz) etwas anderes sagt als unser Verstand. Meistens hören wir dann auf unseren Verstand und stellen nachher fest, dass die Bauchentscheidung eigentlich die richtige gewesen wäre.

Versuchen Sie, häufiger auf Ihr Bauchgefühl, auf Ihre Intuition, zu hören. Den besten Zugang zu Ihrem Inneren erhalten Sie im sogenannten Alphazustand, also im Zustand der Entspannung. In einen solchen Zustand gelangen Sie zum Beispiel durch eine Entspannungsübung oder autogenes Training. Hören Sie bei wichtigen Entscheidungen auch auf Ihren inneren Ratgeber.

Vorsatzformel: Ich höre auch auf die innere Stimme.

Geduldig werden

Genius ist ewige Geduld

(Michelangelo)

Wer könnte uns dieses Zitat glaubhafter vermitteln als der berühmte italienische Maler Michelangelo, der für seine weltbekannten Malereien in der Sixtinischen Kapelle viele Jahre benötigte. Herausgekommen sind geniale Meisterwerke, welche die Jahrhunderte überdauert haben.

Alle großen Werke und Pläne benötigen Zeit, um zu reifen. Entwickeln Sie die mentale Stärke der Geduld. Arbeiten Sie ständig daran, geduldig zu werden beziehungsweise es zu bleiben.

Vorsatzformel: Geduld ist meine Stärke.

Die gedankliche Konzentration verbessern

Man sieht oft etwas hundertmal, tausendmal, ehe man es zum ersten Mal wirklich sieht

(Christian Morgenstern)

Wie oft sind wir schon von einem Ausflug oder einer Wanderung zurückgekehrt und wussten nicht mehr viel, wenn wir nach Details einer Sehenswürdigkeit gefragt wurden. Selbst beim exakten Beschreiben von Häusern in der Nachbarschaft, die wir täglich sehen, stoßen wir rasch an unsere Grenzen.

Die Aufnahme und das Behalten von Details ist eine Sache der Konzentration, die immer wieder geübt werden kann. Versuchen Sie, vermeintlich Vertrautes immer wieder im Detail zu beobachten. Richten Sie

Ihr Augenmerk immer wieder auf andere Feinheiten eines vermeintlich längst bekannten Gegenstands oder einer Landschaft. Dadurch steigern Sie Ihre Konzentrationsfähigkeit und Beobachtungsgabe.

Vorsatzformel: Ich sehe die Dinge im Detail.

Das Ziel ist nicht das Ende

Wer sich am Ziel glaubt, geht zurück

(Laotse)

Wenn wir ein gesetztes Ziel erreicht haben, verfallen wir oftmals in eine große Selbstzufriedenheit. Wir verharren im Erreichten. Vor allem im Arbeitsleben zieht die Konkurrenz dann vorbei. Genauso verhält es sich bei unseren persönlichen Vorhaben. Sind wir mit dem Erreichten auf lange Sicht zufrieden, fallen wir zurück.

Setzen Sie sich ständig ein neues Ziel. Arbeiten Sie permanent an Ihrer mentalen Kraft, die Ihnen hilft, ein neues Ziel zu finden und zu visualisieren.

Vorsatzformel: Habe ich ein Ziel erreicht, plane ich gleich das nächste.

Sich auf ein Vorhaben konzentrieren

Erfolgsregel: Ich jage nie zwei Hasen auf einmal

(Otto von Bismarck)

Viele unserer Pläne scheitern daran, dass wir in unseren Gedanken an mehreren Vorhaben gleichzeitig arbeiten. Wir jagen sprichwörtlich zwei Hasen auf einmal. Das Resultat ist dann oft, dass beide Hasen entkommen. Es ist also von besonderer Wichtigkeit, sich auf ein Ziel zu konzentrieren. Erst wenn dieses Ziel erreicht ist, kommt das nächste an die Reihe.

Lernen Sie, sich auf eine Tätigkeit, auf einen Vorgang zu konzentrieren. Ihre Konzentration können Sie mit Hilfe der Meditation schärfen.

Hier eine kleine Übung:

◆ Setzen Sie sich bequem hin, die Wirbelsäule möglichst aufrecht, die Hände ruhen auf den Oberschenkeln.

- ◆ Schließen Sie die Augen.
- ◆ Zählen Sie jetzt langsam von eins bis zehn. Zählen Sie erst weiter, wenn die Zahl vor Ihrem inneren Auge erscheint.
- ◆ Schweifen Sie beim Zählen gedanklich ab, beginnen Sie wieder von vorn.
- ◆ Versuchen Sie jetzt, Ihre Atmung mit dem Zählen zu synchronisieren. Zählen Sie zum Beispiel jeweils beim Ausatmen weiter.

Die Dauer der Übung sollte circa zwei Minuten betragen.

Vorsatzformel: Ich konzentriere mich auf ein Vorhaben.

Vorstellungskraft entwickeln

Um ein Geschäft erfolgreich zu führen, braucht ein Mann Imagination. Er muss die Dinge wie in einer Vision sehen, wie einen Traum des Ganzen

(Charles Schwab)

Wenn es uns gelingt, unsere Vorhaben in unserer geistigen Vorstellung erfolgreich ablaufen zu lassen, sind sie meistens von Erfolg gekrönt.

Bestimmt haben Sie auch schon große Sportler dabei beobachtet, wie sie ihren Wettkampf zuerst mit geschlossenen Augen im Geiste durchgespielt haben. Dies kann geübt werden. Hier ist zum Kapitelabschluss eine Meditationsübung, die in diese Richtung zielt.

- ◆ Schließen Sie Ihre Augen und atmen Sie einige Male tief durch. Zählen Sie dazu zum Beispiel Ihre Atemzüge.
- ◆ Stellen Sie sich dann den Ablauf Ihres Vorhabens (eine Rede, eine Präsentation, eine sportliche oder berufliche Tätigkeit) in allen Details vor.
- ◆ Entwickeln Sie dabei ein Gefühl der Sicherheit. Wenn in Ihrer Vorstellung etwas nicht glatt läuft, wiederholen Sie den Vorgang in Ihrer Vorstellung so oft wie möglich, bis Sie mit dem Ablauf zufrieden sind.
- ◆ Lassen Sie zum Beispiel auch den Applaus, das Lob, das erfolgreiche Ende überhaupt in Ihre Vorstellung einfließen. Halten Sie das dabei entstehende gute Gefühl so lange wie möglich aufrecht.

Gehen Sie kurz vor Beginn Ihrer Aufgabe den Ablauf nochmals in kurzer Form durch und versuchen Sie dabei, das gute Gefühl des Gelingens erneut hervorzurufen.

Freitag: Die Pflege des Seelenlebens

Der am tiefsten ins Innere des Menschen reichende Bereich ist die Seele. Über sie stehen wir am nächsten zu höheren Mächten. In fast allen Religionen herrscht der Glaube, dass die Seele nach dem Verlust der leiblichen Hülle erhalten bleibt und in die jenseitigen Bereiche einzieht. Diese reichen von den ewigen Jagdgründen der Indianer bis ins Paradies der Christenheit. Auch im Buddhismus existiert die Seele weiter, indem sie in ein neues Dasein weiterwandert. Deshalb ist es von großer Wichtigkeit, das Seelenleben zu pflegen. Um dies zu tun, müssen wir nicht unbedingt tief religiös sein. Schon einfache, aber regelmäßige Gebete können Wunder bewirken. Auch das Lesen in der Bibel oder den jeweiligen Heiligen Schriften der anderen Glaubensrichtungen kann neue Informationen und tiefer gehende Weisheiten vermitteln. Da Sie das Buch bis hierher gelesen haben, konnten Sie bestimmt schon feststellen, dass auch in der Bibel »mehr als nur Sprüche« stehen.

Mit unserem Inneren treten wir am häufigsten über das Gebet in Kontakt. Deshalb sind die nächsten Kapitel verstärkt diesem Thema gewidmet.

Beten und erhalten

Und alles, was ihr bittet im Gebet, wenn ihr glaubt, so werdet ihr's empfangen

(Matthäus 21, 22)

Dies ist eine der wichtigsten und wertvollsten Weisheiten, die uns die Bibel im Neuen Testament vermittelt. Wichtig ist, intensiv und konzentriert zu beten und an die Erfüllung des Gebets zu glauben. Das Gebet nimmt seinen Weg stets über Ihr Inneres. Sie sprechen Ihr Unterbewusstsein an, das Ihre Wünsche verarbeitet und speichert. Durch das Glauben an die Erfüllung verstärken Sie die Wirkung Ihres Gebets. Ihr Unterbewusstsein beginnt an der Umsetzung zu arbeiten. Und am besten verarbeitet das Unterbewusstsein die Vorgaben, die ihm mit Überzeugung und Begeisterung übergeben werden.

Vorsatzformel: Ich formuliere in meinem Gebet positive Gedanken und Wünsche.

Beten und Handeln

Erbitte Gottes Segen für deine Arbeit, aber verlange nicht auch noch, dass er sie tut

(Montesquieu)

In Berichten und Filmen über alte Naturvölker und Kulturen wird uns immer wieder gezeigt, wie diese ihre Götter oft in tagelangen Gebeten um etwas bitten. Auch uns wurde schon in früher Kindheit gelehrt, dass wir Gott um etwas bitten können. Manchmal mussten wir dann feststellen, dass nicht alle, manchmal auch nicht die intensiven Bitten erhört wurden.

Vor allem wenn es beim Bitten bleibt, bleiben auch Gebete manchmal unerhört. Erst wenn wir unseren Gebeten entsprechende Handlungen folgen lassen, steigt die Wahrscheinlichkeit der Erfüllung. Beten und Handeln gehören also zusammen. Passend hierzu gibt es auch das afrikanische Sprichwort »Gott sagt: Stehe auf, damit ich dir helfe«.

Beten Sie und bitten Sie Gott um Erfolg für Ihre Pläne und Vorhaben. Einem Gebet muss aber stets das Handeln folgen. Beten und Handeln bilden eine Einheit.

Vorsatzformel: Meine Bitten folgen Handlungen.

Für seinen Feind beten

Liebt eure Feinde und bittet für die, die euch verfolgen

(Matthäus 5, 44)

Wir alle schaffen uns im Verlauf unseres Lebens nicht nur Freunde, sondern leider auch Feinde. Wir treffen auf Menschen, die uns nicht immer wohlgesonnen sind. Erwidern wir deren Feindschaft, geht der Kampf erst recht los, manchmal bis zur Eskalation. Besser ist deshalb der andere Weg, auch wenn er ungeheuer schwer ist.

Lernen Sie, für alle Ihre Mitmenschen Sympathie aufzubringen. Versuchen Sie, auch für Ihre Kontrahenten und Feinde zu beten. Zugegeben, dies ist eine äußerst schwere Vorgabe, die nur wenige umsetzen können. Sollte Ihnen ein solches Beten oder Verzeihen nicht möglich sein, insbesondere wenn Ihnen ein Mitmensch wirklich Übles zugefügt hat, streichen Sie ihn über kurz oder lang aus Ihrem Leben. Verzeihen Sie ihm, vergessen Sie ihn und alle negativen Gedanken. Es rumort sonst in Ihrem Unterbewusstsein weiter. Unter Umständen mit schlimmen Folgen für Ihre Gesundheit.

Vorsatzformel: Ich bete für .... und lasse die Bewertung seiner Tat einer höheren Instanz.

Das Gebet erweitern

Alles, was ihr bittet in euerem Gebet, glaubt nur, dass ihr's empfangt, so wird es euch zu teil werden

(Markus 11, 24)

Viele Gedanken unserer Gebete enden nach dem Amen. In seinem Spruch sagt Jesus jedoch, dass wir noch einen Schritt weitergehen sollen, nämlich daran zu glauben beziehungsweise uns vorzustellen, dass wir das Gewünschte erhalten werden.

Versuchen Sie also, sich nach einem Gebet vorzustellen, wie Sie das Gewünschte erhalten werden. Stellen Sie sich Ihren Erfolg vor. Lassen Sie einen kleinen Film vor Ihrem inneren Auge ablaufen. Tun Sie, als ob Sie das Gewünschte bereits erreicht beziehungsweise erhalten haben.

Vorsatzformel: Mein Gebet bringt den gewünschten Erfolg.

Die Komponente des Danks im Gebet

Sorgt euch um nichts, sondern in allen Dingen lasst eure Bitten in Gebet und Flehen mit Danksagung vor Gott kundwerden

(Philipper 4, 6)

Immer wieder gelangen wir im Lauf des Lebens in Situationen, die uns mit Sorgen erfüllen. Wenn die Sorgen dann überhandnehmen, verlieren wir ein großes Stück Lebensqualität und werden manchmal sogar handlungsunfähig.

Halten Sie es in einer solchen Situation wie Henry Ford, der sinngemäß meinte: Warum sich Sorgen machen, Gott lenkt unsere Geschicke. Wenden Sie das Bibelzitat in zweifacher Hinsicht an. Beten Sie, wenn Sie von Sorgen befallen werden. Verbinden Sie Ihre Bitten gleich mit einem Dank für die Verbesserung des Zustands. Lassen Sie also positive Aspekte in Ihr Gebet einfließen.

Vorsatzformel: Meine Sorge ist unnötig, dank Gott.

Die Länge eines Gebets

Ein kurzes Gebet steigt zum Himmel

(Französische Redensart)

Viele von uns stellen sich immer wieder die Frage, wie man betet. Ist es besser, ein langes, ausschweifendes Gebet zu sprechen, oder fasst man sich besser kurz?

Beides kann richtig sein. Vor allem sehr einsamen Menschen kann es guttun, lange zu beten. Auf ein bestimmtes Vorhaben bezogen ist es wiederum richtig, sich kurz zu fassen, dafür aber regelmäßig zu beten.

Wählen Sie ruhig beide Varianten eines Gebets. Haben Sie jedoch ein konkretes Anliegen, versuchen Sie, dieses in kurze Worte zu fassen. Sie programmieren mit einem konzentrierten Gebet stets auch ihr Unterbewusstsein und das reagiert am besten auf kurze und mit Nachdruck gesprochene oder gedachte Sätze. Denken Sie bei dieser Gelegenheit auch einmal über den Inhalt des Vaterunsers nach. Dort wird mit ganz wenigen Sätzen eine Menge zum Ausdruck gebracht.

Vorsatzformel: Ich formuliere meine Gebete kurz und mit Bedacht und Nachdruck.

Ausdauernd beten

Seid beharrlich im Gebet und wacht in ihm mit Danksagung

(Kolosser 4, 2)

Am ehesten neigen wir zum Gebet, wenn wir in Not geraten sind. Dann müssen wir jedoch des Öfteren feststellen, dass es nicht oder nicht gleich wirkt. Genauso tendieren wir manchmal dazu, das Beten zu vergessen, wenn es uns wieder gut geht.

Wichtig ist, auch in guten Zeiten das Beten nicht zu vergessen. Indem Sie dies tun, verstärken Sie in einer guten Zeit das ohnehin vorhandene positive Gefühl und verankern es in Ihrem Inneren. Beten Sie auch dafür, dass es anderen Menschen in Ihrem Bekanntenkreis gut geht. Sie wissen schon: Es fällt auf Sie zurück.

Vorsatzformel: Ich bete regelmäßig für mich und für andere.

Die Gebetserfüllung Gott überlassen

… doch nicht mein, sondern dein Wille geschehe!

(Lukas 22, 42)

In manchen unserer Gebete bitten wir um etwas und drängen darauf, dass Gott unseren Willen erfüllen müsse. Doch Jesus hat es uns kurz vor seiner Gefangennahme und Kreuzigung vorgemacht: Er bat Gott darum, den Kelch des Leidens an ihm vorbeigehen zu lassen, jedoch mit dem Zusatz, dass nicht sein, sondern Gottes Wille geschehen möge.

Hierin steckt eine wichtige Komponente des Gebets. Wenn Sie im Gebet um etwas bitten, tun Sie es ernsthaft und konzentriert. Drängen Sie aber niemals mit aller Macht auf die Erfüllung Ihres Willens.

Vorsatzformel: Die Erfüllung meines Wunsches überlasse ich einer höheren Macht (Gott).

Radikalem Gedankengut die Plattform entziehen

Wohl aber habe ich gesehen: Die da Frevel pflügten und Unheil säten, ernteten es auch ein

(Hiob 4, 8)

In den Nachrichtensendungen und in den Zeitungen bekommen wir es immer wieder vor Augen geführt: Dort, wo politischer oder religiöser Fanatismus die Oberhand gewinnt, wo Gewalt gepredigt wird, wo Ungläubigen und anders Denkenden der Tod gewünscht wird, dort wird stets auch Gegengewalt erzeugt. Leider bekommen viele Fanatiker durch die verschiedenen Medien die gewünschte Plattform für ihre gewalttätigen Anliegen.

Falls Sie in Ihrem persönlichen Umfeld Personen kennen, die für radikales Gedankengut eventuell anfällig sind, versuchen Sie diese sachlich aufzuklären. Vermeiden Sie dabei jedoch Streit und dadurch eventuell eskalierende Konflikte.

Vorsatzformel: Ich schütze mein persönliches Umfeld vor radikalem Gedankengut.

Niemals seinen Glauben verlieren

Von guten Mächten wunderbar geborgen, erwarten wir getrost, was kommen mag

(Dietrich Bonhoeffer)

Immer wieder hören wir von Menschen, die selbst in Gefangenschaft oder unter wirklich sehr schwierigen Umständen ihren Glauben nie verloren haben. Diese Menschen verdienen Bewunderung und Hochachtung.

Ein solcher Mensch war Dietrich Bonhoeffer. Auch in nationalsozialistischer Gefangenschaft hatte er seinen unerschütterlichen Glauben bis zu seiner Hinrichtung im Konzentrationslager Flossenbürg niemals verloren. Er war einer derjenigen, auf die unsere Kirche stolz sein kann. Er hat in der extrem schwierigen Zeit des Nationalsozialismus bei den Greueltaten der Nazis nicht weggeschaut.

Beschäftigen Sie sich mit seiner Geschichte. Sie finden ein wunderbares Beispiel für einen Menschen mit einem tiefen und unerschütterlichen Glauben, wie ihn wohl nur wenige erreichen werden.

Vorsatzformel: Ich arbeite an einem unerschütterlichen Glauben.

Der feste Glaube macht Mut

Wer glaubt, der flieht nicht

(Jesaja 28, 16)

In unserem Leben gibt es immer wieder Situationen, da möchten wir davonlaufen und oft haben wir es auch schon getan. Ich auch! Vor einem Problem fliehen ist jedoch immer auch ein Zeichen mangelnden Glaubens. Dieser fehlende Glaube kann sowohl fehlender Glaube an uns selbst als auch an Gott sein.

Führen Sie sich dieses Zitat, das nur aus fünf Worten besteht, aber so vieles zum Ausdruck bringt, immer wieder vor Augen. Sorgen Sie für einen festen Glauben, sowohl an sich selbst als auch an eine höhere Macht. Das Zitat ist eines der kürzesten, aber auch eines der wichtigsten in diesem Buch.

Vorsatzformel: Ich glaube an mich und meine inneren und äußeren Helfer.

Große Kunstwerke betrachten und erfühlen

Im Malen ist etwas Unendliches

(Vincent van Gogh)

Wenn wir ein großes Werk eines genialen Malers betrachten, sei es im Museum oder in einem gut aufgemachten Buch, können wir tief in unserem Inneren das Göttliche spüren, das hinter einem solchen Kunstwerk steckt. Wir können ein wunderbares Gefühl von Größe spüren, das sich in uns ausbreitet. Unsere Seele (Herz) erhält Balsam, wie man so schön sagt.

Beschäftigen Sie sich mit den Bildern und Kunstwerken der alten Meister. Denken Sie dabei auch daran, dass einige von ihnen zu Lebzeiten in großer Armut gelebt haben und sich manchmal nicht einmal Farben kaufen konnten. Oft erst lange nach ihrem Tod gelangten diese Künstler zu Ruhm und Ehren. Erst dann wurden ihre Kunstwerke zu Millionenwerten. Manchmal waren es auch innerlich völlig zerrissene Menschen, dem Wahnsinn nahe. Und doch hat die großen Meister etwas in ihrem Inneren dazu bewegt, ihre Kunstwerke zu schaffen und der Nachwelt damit Freude zu bereiten. Suchen Sie darin das Göttliche.

Vorsatzformel: In Bildern alter Meister finde ich den Schöpfer.

Auch Lesen reicht tief nach innen

Ein Raum ohne Bücher ist wie ein Körper ohne Seele

(Cicero)

Auch die großen Meisterwerke der Literatur tragen etwas Göttliches in sich. Wie oft ist es uns schon so ergangen, dass wir beim Lesen eines Buches die Welt um uns vergessen haben. In uns wurden Bilder und Gefühle ausgelöst.

Deshalb ist jemand, der noch nie oder selten Bücher gelesen hat, eigentlich ein zu bedauernder Mensch. Es ist, als würde ihm ein für seine Seele wichtiges Vitamin fehlen.

Schaffen Sie sich immer wieder zeitliche Freiräume für das Lesen von Büchern. Versuchen Sie, über Zeitungen und Zeitschriften hinauszukommen und werden Sie zum Buchfan. Geben Sie Ihrer Seele dieses wichtige Vitamin.

Vorsatzformel: Ich schaffe Freiräume für anspruchsvolles Lesen.

Musik als Nahrung für die Seele

Seit ich Musik höre, weiß ich, dass ich unsterblich bin. Wieso? Musik ist die Sprache der Seele. Und die wird man nie müde

(Peter Hille)

Immer wenn wir ein großes Musikstück hören, können wir spüren, dass dies Auswirkungen auf unser Inneres hat. Vor allem Musik die uns gefällt, kann uns ergriffen, andächtig und zufrieden stimmen. Sie kann uns tief in unserer Seele berühren.

Nehmen Sie sich immer wieder Zeit, Musik Ihres Geschmacks zu hören. Erlaubt sind dabei alle Richtungen. Die Musik muss Ihnen nur gefallen und sollte eine gewisse Ruhe und Kraft ausstrahlen. Sie können Musik in den eigenen vier Wänden genießen oder als Gemeinschaftserlebnis bei einem Konzert. Nehmen Sie sich Zeit für solche Erlebnisse. Sie sprechen damit Ihre Seele an.

Vorsatzformel: Ich nehme mir öfter Zeit für wundervolle Musik.

Den Schöpfer suchen

Hebt eure Augen in die Höhe und seht! Wer hat dies geschaffen?

(Jesaja 40, 26)

Wenn wir manchmal abends zum Sternenhimmel hochschauen, befallen uns Ahnungen, dass irgendwo dort oben der Schöpfer sein muss. So kommt es auch in Beethovens 9. Sinfonie zum Ausdruck, im Text von Friedrich Schiller: »Brüder, überm Sternenzelt muss ein lieber Vater wohnen.«

Um das Gefühl der Gegenwart eines Schöpfers zu spüren, kann Ihnen die nachfolgende einfache Meditation helfen, die Sie an einem milden Abend im Freien ausüben können.

So funktioniert sie:

◆ Legen Sie sich im Freien – auf Ihrer Terrasse, Ihrem Balkon oder in Ihrem Garten – dort bequem hin, wo Sie ungestört sind und zu den Sternen aufschauen können.

◆ Richten Sie Ihre Konzentration auf die Sterne und versuchen Sie zu ergründen, welches Geheimnis hinter der Weite des Sternenzelts liegt. Denken Sie dazu ein Ihnen heiliges Wort, das Sie in Gedanken regelmäßig wiederholen.

◆ Bleiben Sie so lange, wie es Ihnen angenehm ist, in der Betrachtung versunken.

Eine weitere mögliche und sehr schöne Variante ist die folgende:

◆ Beschaffen Sie sich eine CD mit ruhiger und erhabener Musik. Dies kann sowohl ein neuzeitliches Werk, zum Beispiel »The Songs of Distant Earth« vom New-Age-Musiker und Multi-Instrumentalisten Mike Oldfield, als auch ein klassisches Werk wie zum Beispiel Beethovens 9. Sinfonie sein. Natürlich funktioniert auch jede andere feierliche Musik alter und neuzeitlicher Komponisten, die Sie emotional anspricht.

◆ Gehen Sie an Ihren Lieblingsplatz mit Blick zum abendlichen Sternenhimmel.

◆ Setzen Sie Ihren Kopfhörer auf und starten Sie Ihren MP3-Player oder Walkman mit Ihrer Lieblingsmusik. Schauen Sie nach oben und lassen Sie die Musik wirken.

Sie können daraufhin wirkliche Größe erspüren und das Gefühl bekommen, dass hinter allem ein großer Schöpfer steht. Dieser hat die Weite des Alls geschaffen und den Menschen die Fähigkeit gegeben, selbst Großes zu schaffen. Dieses Spektrum reicht von den großen Werken der Kunst, den Meisterwerken der Architektur bis zu den großen technischen Errungenschaften in Vergangenheit und Gegenwart. Die göttliche Schöpferkraft ist in uns allen.

Vorsatzformel: Ich trage schöpferische Kraft in mir.

Samstag:
Weiterentwicklung der Persönlichkeit

Passend zum Samstag, an dem wir innerhalb der üblichen Arbeitszeiteinteilung einen freien Tag haben, soll in den kommenden Unterkapiteln das Augenmerk auf die persönliche Weiterentwicklung, zum Beispiel durch Schulungen, Kurse oder ein mit viel Freude und Interesse betriebenes Hobby, gerichtet werden. Beachtet und weiterentwickelt werden sollen auch Eigenschaften und Werte wie Geduld, Ausdauer, Ehrlichkeit, Beharrlichkeit, Begeisterungsfähigkeit und Entschlusskraft. All dies sind Eigenschaften, die uns auf unserem persönlichen Erfolgsweg weiterbringen können. Jeder Mensch hat seine Stärken und Schwächen. Wenn es also gelingt, den einen oder anderen Schwachpunkt zu erkennen und abzustellen, kann sich vieles in eine positive Richtung bewegen. Wichtig ist, sich ständig weiterzuentwickeln und zu lernen, möglichst bis ins hohe Alter. Wer lernt, bleibt geistig fit und tut dadurch viel für Geist und Seele.

Mit einer ständigen Veränderung Schritt halten

Man kann nicht zweimal in denselben Fluss steigen

(Heraklit)

Ein Fluss fließt nie in derselben Form und Zusammensetzung an uns vorbei. Mal ist er tiefer, mal breiter, mal wärmer, mal kälter. Es ist nie dasselbe Wasser, das an uns vorbeiströmt. So ist es auch in unserem Leben. Alles ist im Fluss, die Dinge ändern sich permanent. Kein Tag ist wie der andere. Das Wissen unserer Zeit vermehrt sich rasant. Um diesem unablässigen Wandel gewachsen zu sein, ist es wichtig, sich ständig weiterzuentwickeln und weiterzubilden.

Entwickeln Sie die Bereitschaft, sich den Veränderungen des Lebens anzupassen. Bleiben Sie flexibel bis ins hohe Alter. Seien Sie bereit, sich weiterzuentwickeln und Neues zu lernen.

Vorsatzformel: Ich freue mich täglich über neue Impulse.

Sein ganzes Leben lang lernbereit sein

Es ist keine Schande, nichts zu wissen, wohl aber nichts lernen zu wollen

(Sokrates)

Lebenslanges Lernen bis ins hohe Alter ist von eminenter Wichtigkeit. Durch Lernen halten wir unser Gehirn fit. Wir bleiben auf dem Laufenden. Nur indem wir ständig weiterlernen, sei es in beruflicher oder privater Hinsicht, können wir in der heutigen Zeit mithalten. Diesen Lernprozess müssen wir ständig aufrechterhalten. »Verurteilen« Sie sich selbst zu lebenslänglichem Lernen.

Möglichkeiten des Lernens gibt es viele. Die Angebote reichen von Angeboten der Volkshochschulen in der Nähe Ihres Wohnorts bis zur Möglichkeit eines Fernstudiums. Ein solches Studium üben Sie zu Hause aus, bei in der Regel völlig freier Zeiteinteilung. Viele Wissensquellen können Sie auch kostenlos im Internet anzapfen. Die freie Enzyklopädie Wikipedia (*de. wikipedia.org*) enthält eine Menge an kostenlosem Wissen parat, auch wenn sie sicherlich keinen Anspruch auf Vollständigkeit erheben kann.

Vorsatzformel: Ich bin jederzeit bereit, Neues zu lernen.

Wer hinzulernt, bleibt jung

Jeder, der aufhört zu lernen, ist alt, ob er zwanzig oder achtzig Jahre zählt. Jeder, der weiterlernt, ist jung, mag er zwanzig oder achtzig Jahre zählen

(Henry Ford)

»Dafür bin ich schon viel zu alt.« Diesen Spruch schieben wir gerne vor, wenn wir eigentlich nur zu bequem dazu sind, etwas Neues anzupacken. Vollständig fehl am Platz ist diese Aussage vor allem dann, wenn es um das Lernen geht. Denn Lernen hält Sie jung. Hören Sie jedoch auf zu lernen und wissbegierig zu sein, veraltet Ihr Wissen. Sie bleiben in Ihrer Entwicklung stehen. Ihr Gehirn und Ihr Denken altern schneller, unabhängig von Ihrem tatsächlichen Alter.

Hören Sie niemals auf zu lernen. Bleiben Sie neugierig und wissbegierig.

Vorsatzformel: Ich lerne ständig Neues hinzu.

Lernen und Lesen

Lesen weitet die Seele (und ein guter Freund tröstet sie)

(Voltaire)

Auch in unserer heutigen Zeit und selbst in Deutschland gibt es noch sehr viele Menschen, die nicht oder nur sehr schlecht lesen können. Diese Menschen haben einen riesigen Nachteil: Für sie bleibt die Möglichkeit, sich Wissen anzueignen, verschlossen, genauso wie die faszinierende Welt der Bücher und das darin enthaltene Wissen der Menschheit.

Ein ebenfalls nicht unbedeutender Teil unserer Mitmenschen kann zwar lesen, macht jedoch nur selten davon Gebrauch. Auch sie handeln sich einen großen Nachteil ein.

Sie wiederum, die in diesem Buch bereits bis zu diesem Kapitel vorgestoßen sind, gehören zu den glücklichen unter den Menschen, die offen sind für das Lesen und für neues Wissen. An Sie möchte ich an dieser Stelle den Appell richten, auch andere zum Lesen zu animieren. Dies gilt im besonderen Maß, wenn Sie Kinder oder Enkel haben oder wenn Sie Chef einer Firma sind. Animieren Sie zum Lesen. Stellen Sie zu Hause und in Ihrer Firma Literatur bereit.

Vorsatzformel: Ständiges Lesen erweitert meinen Horizont.

Lernen ohne Ende

Wer aufhört zu lernen, hört auf, besser zu sein

(Anonymus)

Oft haben wir das Gefühl, dass wir jetzt alles wissen, was wir zum Leben und beruflichen Überleben brauchen. Diese Gedanken verstärken sich oft noch, wenn es auf das Ende des Arbeitslebens zugeht, oder wenn wir schon lange genug im Arbeitsleben stehen und auf unsere Erfahrung bauen. Aber dies ist ein Trugschluss. Wenn wir aufhören zu lernen, bleiben wir in unserer Entwicklung stehen, wir hören auf, besser zu werden, wir werden überholt.

Hören Sie deshalb niemals auf zu lernen. Nutzen Sie alle möglichen Quellen und Kanäle. Greifen Sie auf Bücher, Zeitschriften, auf das Internet und die dort zugänglichen Wissensquellen zurück. Selbst das Fernsehen bietet viele Möglichkeiten, sich mit interessanten Informationen jeglicher Art zu versorgen. Sie müssen nur das Programm genau studieren und sich die zur Genüge vorhandenen Bildungs- und Kultursendungen aussuchen.

Vorsatzformel: Um Neues zu lernen, nutze ich alle möglichen Quellen.

Eigene schlummernde Talente entwickeln

... aber jeder hat seine eigene Gabe von Gott, der eine so, der andere so

(1. Korinther 7, 7)

Manchmal spüren wir es ganz deutlich: In uns steckt mehr, als wir in unserem bisherigen Leben zeigen konnten.

Wenn Ihnen Ihre innere Stimme dies sagt, hören Sie genau in sich hinein. Wenn Sie Ihre besondere Befähigung dann erkannt haben, beginnen Sie mit der Ausübung. Lernen Sie auf Ihrem Interessensgebiet permanent hinzu. Üben Sie und entwickeln Sie Ihr Talent weiter. Dafür sind Sie übrigens nie zu alt. Ihre besondere Fähigkeit muss nicht nur im beruflichen Umfeld liegen, sondern kann auch ein mit Engagement betriebenes und weiterentwickeltes Hobby sein.

Vorsatzformel: An meinem besonderen Können arbeite ich permanent.

Seine Redegewohnheiten unter die Lupe nehmen

Mach es kurz und sag mit wenigen Worten viel

(Sirach 32,11)

Jeder von uns hat ein mehr oder weniger ausgeprägtes Mitteilungsbedürfnis. Wobei ein mehr ausgeprägtes eher als unangenehm empfunden wird als ein weniger ausgeprägtes. Indem wir unsere Zuhörer mit einem Wortschwall überfrachten, veranlassen wir sie zum Abschalten. Sie hören nicht mehr zu.

Überprüfen Sie Ihre Redegewohnheiten. Vermeiden Sie beim Reden all das, was Sie beim anderen stören würde. Reden Sie nicht ohne Punkt und Komma. Versuchen Sie, mit kurzen und knappen Formulierungen viel zu sagen. Auch in geschäftlichen Besprechungen würde dies so manchem Teilnehmer gut zu Gesicht stehen.

Vorsatzformel: Ich bringe in kurzen, knappen Sätzen mein Anliegen zum Ausdruck.

Seine Ausdrucksweise verbessern

Hast du drei Tage kein Buch gelesen, werden deine Worte seicht
(Chinesische Weisheit)

Nicht immer fällt es uns bei einer Rede leicht, die richtigen Worte zu finden. Nachgewiesenermaßen tun sich jedoch diejenigen, die viel lesen, dabei weniger schwer.

Lesen Sie regelmäßig. Der Wortschatz vergrößert sich dadurch enorm. Die Möglichkeiten, sich gezielt und verständlich auszudrücken, wachsen. Ihre Formulierungen sind punktgenau.

Vorsatzformel: Durch Lesen wächst mein Wortschatz.

Zuhören können

Wer zuhört, versteht
(Afrikanisches Sprichwort)

Genauso wichtig wie gute Rhetorik ist aufmerksames und konzentriertes Zuhören. Jeder empfindet es als angenehm, sich mitzuteilen und seine Probleme zu äußern. Wenn wir auf jemanden treffen, der die Kunst des Zuhörens beherrscht, erscheint er uns sofort sympathisch. Lernen und üben Sie deshalb gutes Zuhören. Geben Sie Ihrem Mitmenschen durch

Rückfragen immer wieder das Gefühl, dass Sie als Zuhörer voll bei der Sache sind – dadurch führen Sie automatisch das Gespräch (wer frägt, führt). Ist Ihr Gesprächspartner jedoch ein notorischer Schwätzer, kann Sie natürlich niemand zwingen, ihm lange zuzuhören. Beenden Sie dann einfach höflich das Gespräch.

Vorsatzformel: Ich höre meinem Gesprächspartner aufmerksam und konzentriert zu.

Geduld üben

Siehe, der Bauer wartet auf die kostbare Frucht der Erde und ist dabei geduldig, bis sie empfange den Früh- und den Spätregen

(Jakobus 5, 7)

Geduld ist eine Tugend, die jedem von uns manchmal fehlt. Wenn wir jedoch lernen, uns regelmäßig Geduld und Ausdauer anzueignen, werden unsere Pläne viel leichter gelingen.

Lassen Sie Ihre Pläne langsam zur Reife kommen. Das Zitat bringt es wunderschön zum Ausdruck: Der Früh- und Spätregen muss fallen, bis die Früchte geerntet werden können.

Vorsatzformel: Geduld und Beharrlichkeit bringen mich ans Ziel.

Ausdauer entwickeln

Unsere größte Schwäche liegt im Aufgeben. Der sicherste Weg ist immer, es nochmals zu probieren

(Thomas Alva Edison)

Der Schöpfer dieses Zitats hat es vorgelebt. Der große amerikanische Erfinder Edison hat viele Hundert Versuche benötigt, bis er die Glühlampe dauerhaft zum Leuchten gebracht hat. Von ihm können wir wirklich lernen, dass es sich lohnt, sein Ziel ausdauernd zu verfolgen und nicht aufzugeben. Hätte er nur einen Versuch vorher aufgegeben, würden wir zwar heute wohl nicht mehr im Dunkeln sitzen, aber in den Häusern des vergangenen Jahrhunderts wäre es länger dunkel geblieben beziehungsweise hätten länger die Kerzen gebrannt.

Viele haben schon ihr ursprünglich kilometerweit entferntes Ziel nur um wenige Meter verfehlt, weil sie aufgegeben haben. Mit ein wenig mehr Ausdauer hätte es gereicht und der Erfolg wäre gewiss gewesen. Ausdauer ist also ein wichtiger Faktor, wenn nicht der wichtigste überhaupt, wenn Sie Ihre Ziele erreichen wollen.

Vorsatzformel: Ich verfolge mit Ausdauer mein Ziel. Ich bin ausdauernd.

Beharrlich arbeiten

Viele Streiche fällen die Eiche

(Deutsches Sprichwort)

In eine ähnliche Richtung deutet auch dieses etwas rustikalere Zitat. Oftmals wollen wir den schnellen Erfolg, weil wir nicht bereit sind, beharrlich und ausdauernd zu arbeiten. Wir wollen den Lorbeer schnell ernten und geben uns dann zufrieden. Genauso schnell ist er dann auch verwelkt. Aber manchmal müssen wir viele »Streiche« ausführen, bis der Baum gefällt ist (das Ziel erreicht ist).

Gehen Sie ruhig und beharrlich vor. Seien Sie auch mit kleinen Zwischenresultaten zufrieden. Verlieren Sie jedoch nie das große Gesamtziel aus den Augen. Schreiten Sie auf Ihrem Weg langsam, aber konsequent voran.

Vorsatzformel: Ich entwickle immer mehr Beharrlichkeit.

Akribisch arbeiten

Wer keine Ausdauer hat bei den Kleinigkeiten, dem misslingt der große Plan

(Chinesische Weisheit)

Große Vorhaben und Pläne setzen sich oftmals aus vielen kleinen Mosaikteilen zusammen. Dies hat die Folge, dass wir auch an Kleinigkeiten akribisch arbeiten müssen. Mancher große Plan scheiterte schon an einem Detail.

Versuchen Sie stets, auch bei vermeintlichen Kleinigkeiten pünktlich und gewissenhaft zu arbeiten. Nur was im Detail funktioniert, kann auch im Großen und Ganzen funktionieren. Vergleichen Sie es mit einer mechanischen Uhr: Wenn dort auch nur ein kleines Zahnrad oder eine Feder nicht einwandfrei arbeitet, läuft die Uhr nicht oder nicht richtig.

Vorsatzformel: Kleinigkeiten verdienen meine volle Konzentration.

Die Dinge reifen lassen

Alles wahrhaft Große vollzieht sich durch langsames, unmerkliches Wachsen

(Seneca)

Wie gerne hätten wir es manchmal, dass sich unsere Pläne und Wünsche sofort, zumindest jedoch rasch erfüllen. Das ist jedoch selten der Fall. Etwas wahrhaft Großes braucht Zeit zum Reifen. Oft über viele Jahre hinweg.

Warten können und die Dinge reifen lassen ist der Weg zum Ziel. Auch das vor Ihnen liegende Buch ist nicht in einer Woche entstanden, sondern über nahezu drei Jahre hinweg.

Genauso wenig wird es wohl in den Bestseller-Listen von heute auf morgen ganz nach oben gelangen. Hier stehe ich als Autor selbst auf dem Prüfstand und warte gespannt auf eine langsame und kontinuierliche Entwicklung.

Vorsatzformel: Meine Pläne reifen langsam.

Begeistert sein

In dir muss brennen, was du in anderen entzünden willst

(Augustinus)

Wenn wir an eine Tätigkeit mit Begeisterung herangehen, fällt sie uns viel leichter. Genauso verhält es sich, wenn wir begeistert auf unsere Mitmenschen zugehen. Wenn wir Begeisterung ausstrahlen, kommt in der Regel eine ähnliche Reaktion zurück.

Versuchen Sie, mit Begeisterung an Ihr Vorhaben heranzugehen. Das gelingt Ihnen in der Regel dann, wenn Sie an Ihrer Tätigkeit Freude haben und mit Eifer und Zuversicht bei der Sache sind. Ist Ihnen der

Enthusiasmus doch einmal völlig abhandengekommen, versuchen Sie es mit der Methode »So tun als ob«.

Vorsatzformel: Meine Tätigkeit begeistert mich. Ich bin von .... begeistert. (Setzen Sie in die Lücke den Namen eines Mitmenschen ein.)

Begeisterung zum Ausdruck bringen

Begeisterung ist der nie erlahmende Impuls, der uns beharrlich das Ziel verfolgen lässt

(Norman Vincent Peale)

Impulse setzen wir gegenüber unseren Mitmenschen durch unsere Sprache und Ausdruckweise, sowohl mündlich als auch schriftlich. Wenn wir halbherzige Formulierungen benutzen wie: »Das ist nicht schlecht«, »Das könnte vielleicht gelingen«, dann fehlt unserer Sprache die Begeisterung. Überprüfen Sie deshalb Ihre Formulierungen auf Ausdrücke wie müsste, könnte, sollte, nicht schlecht, vielleicht, oder hätte. Vermeiden Sie solche Floskeln. Spüren Sie halbherzige Formulierungen in Ihrem Wortschatz auf und entfernen Sie diese aus Ihrem Vokabular.

Viele Informationen über die Wirkungen der Begeisterung finden Sie übrigens in den Büchern der amerikanischen Lebenslehrern und Predigern Norman Vincent Peale oder Joseph Murphy.

Vorsatzformel: Ich bringe Begeisterung in meine Sprache.

Ehrlich währt am längsten

Fluch ruht auf Betrug

(Deutsches Sprichwort)

Betrogen zu werden ist für jeden eine unangenehme Sache und ruft Ärger und Zorn hervor. Wir wünschen uns dann, dass derjenige, der uns betrogen hat, irgendwann erwischt und bestraft wird. Früher oder später kommt es auch so. Alle Betrügereien und gravierende Unehrlichkeiten werden bestraft oder wirken sich auf das weitere Leben desjenigen, der betrügt, in irgendeiner Form negativ aus.

Achten Sie deshalb bei allen Ihren Vorhaben darauf, dass Sie Ihren Mitmenschen keinen absichtlichen Schaden zufügen. Hinterfragen Sie, ob Ihre Pläne und Tätigkeiten für Ihre Mitmenschen nützlich und hilfreich sind. Stellen Sie Ihre Pläne und Vorhaben stets auf eine ehrliche Basis.

Vorsatzformel: Meine Tätigkeit nützt meiner Firma. Mein Vorhaben hilft meinen Mitmenschen.

Entscheidungsfreudig sein

Wie lange hinkt ihr auf beiden Seiten?

(1. Könige 18, 21)

Manchmal fällt es uns allen schwer, eine Entscheidung zu treffen. Wir zögern sie lange hinaus oder treffen gar keine. Zögerliche Entscheidungen kommen dann regelmäßig zu spät. Gar keine zu treffen, ist die schlechteste Alternative.

Lernen Sie, Entscheidungen zügig zu treffen. Tragen Sie in kurzer Zeit alle Fakten des Für und Wider zusammen und entscheiden Sie dann. Haben Sie einmal eine Entscheidung getroffen, bleiben Sie auch dabei. Nehmen Sie Ihre Entscheidung nur dann zurück, wenn es sich wirklich um einen gravierenden Irrtum handelt.

Vorsatzformel: Ich treffe meine Entscheidungen zügig.

Niemals aufgeben

Menschen stolpern nicht über Berge, sondern über Maulwurfshügel

(Chinesische Weisheit)

Jeder von uns hat es schon gemerkt: Auf unserem Weg zum Ziel gibt es immer wieder Stolpersteine, die uns ins Straucheln bringen. Je öfter dies der Fall ist, umso schwerer fällt es uns, wieder aufzustehen. Oft haben wir dann das Gefühl, wirklich über ein großes Hindernis gestolpert zu sein.

Doch es ist schon so, wie das Sprichwort sagt: Sie können nicht über einen Berg stolpern, sondern allenfalls über kleine Hindernisse. Lernen Sie, stets wieder aufzustehen. Stellen Sie sich vor, wie Sie auf dem Weg zu Ihrem Ziel immer wieder nach vorne fallen, wieder aufstehen und dann irgendwann die Ziellinie überqueren. Auch wenn Sie ins Stolpern gekommen sind, gehen Sie Ihren Weg unbeirrt weiter.

Vorsatzformel: Wenn ich gestolpert bin, stehe ich auf und gehe weiter.

Auf eine besonnene Reaktion achten

Wo zwei zusammenstoßen, siegt der Besonnene

(Laotse)

Nicht immer gelingt es uns, mit Besonnenheit zu reagieren, wenn wir unter Druck oder Stress stehen und in einen Streit geraten. Unser Temperament verleitet uns oft zu einer heftigen, unbesonnenen Reaktion. Auch bei mir selbst kann ich immer wieder eine solch wenig hilfreiche Verhaltensweise beobachten. Hinterher stellen wir dann fest, dass uns die Unbesonnenheit nichts oder genau das Gegenteil des Erwünschten gebracht hat, nämlich noch mehr Streit, Ärger und Stress.

Versuchen Sie, besonnen zu reagieren, wenn Sie in eine Auseinandersetzung geraten sind. Versuchen Sie, von der Palme, auf die man Sie vielleicht gebracht hat, wieder herunterzukommen. Atmen Sie, bevor Sie eine zornige Antwort geben, erst mehrmals tief durch. Antworten beziehungsweise reagieren Sie erst, wenn es Ihnen gelungen ist, Ihren Adrenalinspiegel wieder zu senken.

Vorsatzformel: Meine Reaktionen sind ruhig und besonnen.

Gelassen bleiben

Je gelassener, desto sicherer und glücksfähiger wird der Mensch

(Seneca)

Unser Lebensweg ist ein ständiges Auf und Ab. Zahlreiche Höhen und Tiefen hält das Leben für uns bereit. Je stärker wir auf die positiven und besonders auf die negativen Ausschläge reagieren, desto mehr antwortet der Körper mit dem Ausstoß von Stresshormonen. Dies hat mit der Zeit erhebliche Auswirkungen auf die Gesundheit.

Versuchen Sie, auf die normalen Schwankungen des Lebens angemessen und mit Gelassenheit zu reagieren. Lassen Sie sich niemals zu weit in den Keller hinabstoßen und genauso wenig in schwindelnde Höhen hinauftragen. Natürlich kann es im Leben wirklich schwere Schicksalsschläge geben. Scheuen Sie sich dann nicht davor, professionelle Hilfe und Betreuung zu suchen. Ansonsten: Bleiben Sie gelassen.

Vorsatzformel: Ich übe mich in Gelassenheit.

Seine Pläne nicht zu früh ausplaudern

Ein weiser Mann schweigt, bis er seine Zeit gekommen sieht; aber ein Prahler und Narr achtet nicht auf die rechte Zeit

(Sirach 20, 7)

In uns allen steckt ein mehr oder weniger ausgeprägtes Mitteilungsbedürfnis. Deshalb ist es uns allen wohl schon passiert, dass wir bei einer tollen Idee sehr mitteilsam waren. Plötzlich mussten wir dann feststellen, dass eine andere Person unser Vorhaben umgesetzt hat.

Wenn Sie eine wunderbare Idee haben und einen Plan umsetzen wollen, den es in dieser Form noch nicht gibt, reden Sie erst mit anderen darüber, wenn Ihre Pläne zur Reife gelangt sind. Holen Sie selbstverständlich fachmännischen Rat ein, aber vermeiden Sie es, anderen gegenüber mit Ihrem Vorhaben zu prahlen. Es ist schon öfter passiert, dass eine gute Idee gestohlen wurde.

Vorsatzformel: Ich behalte meine Pläne bis zur Umsetzung für mich.

Auf seinen Ruf achten

Ein guter Ruf ist köstlicher als großer Reichtum und anziehendes Wesen besser als Silber und Gold

(Sprüche 22, 1)

Wir fühlen uns wohl, wenn uns ein guter Ruf vorauseilt. Aber schneller, als uns lieb sein kann, ist so ein guter Ruf auch zerstört. Verloren geht dann auch ein Teil unserer Anziehungskraft auf die Mitmenschen. Natürlich bekommen wir alle im Lauf der Zeit kleinere Flecken auf unsere weiße Weste. Aber es ist wichtig, darauf zu achten, dass die Flecken nicht zu groß werden.

Achten Sie auf Ihren Ruf. Pflegen Sie ihn besonders im Bezug auf Ehrlichkeit und Vertrauenswürdigkeit. Unterlassen Sie betrügerisches Denken und Handeln. Stellen Sie Ihre Pläne und Handlungen in dieser Hinsicht immer wieder auf den Prüfstand. Achten Sie darauf, dass Ihre Mitmenschen einen Gewinn aus Ihrer Tätigkeit haben.

Vorsatzformel: Ich pflege meinen guten Ruf.

Charaktereigenschaften überprüfen: Zorn

Zorn und Groll reden närrisch

(Sprichwort aus China)

Zorn ist eine Eigenschaft, die in uns allen schlummert. Wenn es uns aber nicht gelingt, unseren Zorn zu beherrschen und er ständig zum Ausbruch kommt, stoßen wir unsere Mitmenschen damit ab. Wir machen uns buchstäblich zum Narren.

Für nahezu alle Ihre Vorhaben und Pläne brauchen Sie Ihre Mitmenschen. Zorn wiederum ist eine Eigenschaft, die Menschen abstößt. Versuchen Sie deshalb, Zorn- und Wutausbrüche zu vermeiden. Machen Sie, sobald Sie Zorn in sich aufsteigen fühlen, eine Atemübung: Ziehen Sie beim langsamen Einatmen die Schultern nach oben. Beim Ausatmen lassen Sie Ihre Schultern bewusst fallen. Atmen Sie vor allem langsam und tief aus.

Vorsatzformel: Zorn ist für mich ein Fremdwort.

Nicht in alten Gewohnheiten verharren

Die Fesseln der Gewohnheit sind meist so fein, dass man sie gar nicht spürt. Wenn man sie dann spürt, sind sie schon so stark, dass sie sich nicht mehr zerreißen lassen!

(Samuel Johnson)

Wir alle haben unsere Gewohnheiten. Manche davon haben wir richtig lieb gewonnen, obwohl wir wissen, dass sie uns nicht weiterhelfen. Wir behalten sie bei, bis uns eines Tages dann doch keine andere Wahl mehr bleibt, als sie abzuwerfen.

Vergleichen Sie Ihre Gewohnheiten mit einer Fahrt im Heißluftballon. Dort hat der Pilot in seinem Korb viele Sandsäcke. Will er rasch steigen, wirft er sie ab. So ist es auch mit einem Teil Ihrer Gewohnheiten. Wollen Sie nach oben kommen, müssen Sie hinderliche Gewohnheiten abwerfen. Stellen und beantworten Sie sich doch einfach mal folgende Fragen:

◆ Welche negativen Gewohnheiten habe ich im Umgang mit meinen Mitmenschen?
◆ Welche Gewohnheiten kann ich in Bezug auf den Umgang mit der Natur ändern?
◆ Welche Atemgewohnheiten habe ich? Atme ich oft zu schnell?
◆ Gehe ich oft mit negativen Gedanken ins Bett oder starte mit solchen in den Tag?

Fragen Sie auch Ihren Partner oder Arbeitskollegen, welche negativen Gewohnheiten er an Ihnen bemängelt. Dies ist zwar etwas unangenehm, aber es kann Ihnen helfen, die eine oder andere Gewohnheit loszuwerden.

Vorsatzformel: Ich überprüfe meine Gewohnheiten.

Bescheidenheit an den Tag legen

Alle großen Männer sind bescheiden

(Gotthold Ephraim Lessing)

Wenn wir die Wahl hätten zwischen einem großspurigen, aufschneiderischen Menschen und einem bescheidenen und sich vornehm zurückhaltenden, würden wir uns wohl fast immer für die zweite Alternative entscheiden.

Die wirklich Erfolgreichen, die eine große Leistung vollbracht haben, sind in der Regel bescheidene Menschen. Dies gilt besonders für diejenigen, die zum Beispiel im Sport, im Musikgeschäft oder als Autoren schon lange an der Spitze stehen. Nur wer bescheiden auftritt und seine Person nicht in den Vordergrund stellt, dem gehören die Sympathien seiner Mitmenschen. Menschen, die langen und dauerhaften Erfolg haben, sind in der Regel keine Angeber. Pflegen Sie die Eigenschaft der wirklichen Bescheidenheit. Wobei damit nicht gemeint ist, sein Licht völlig unter den sogenannten Scheffel zu stellen. Seien Sie stolz auf Ihre Leistungen, aber halten Sie sich nicht für den Allergrößten. Zurückgenommenes Auftreten schafft bei Ihren Mitmenschen eher Sympathien als Arroganz und Überheblichkeit.

Vorsatzformel: Ich arbeite an einem bescheidenen Auftreten.

Nachlässigkeit vermeiden

Lässige Hand macht arm; aber der Fleißigen Hand macht reich

(Sprüche 10, 4)

Leichtsinn und Lässigkeit stecken in uns allen. Leider sind dies jedoch keine erfolgversprechenden Eigenschaften. Ausnahmen bestätigen jedoch auch hier die Regel. Der Fußballspieler Franz Beckenbauer bestach zu seiner aktiven Zeit als Fußballspieler durch seine lässige Eleganz. Doch stand diese Lässigkeit nicht allein im Raum. Sie war vielmehr gebündelt mit großem Trainingsfleiß, Selbstvertrauen und Können. Steht Lässigkeit jedoch für sich allein, wird es gefährlich.

Vermeiden Sie Lässigkeit in der Hinsicht, dass Sie die Dinge auf die leichte Schulter nehmen. Gehen Sie unverkrampft, aber konzentriert an Ihre Vorhaben heran. Vermeiden Sie Leichtsinn. Verfolgen Sie mit Ernsthaftigkeit und Vorsicht (im Wortsinn: nach vorne schauen) Ihre Ziele.

Vorsatzformel: Leichtsinn und Lässigkeit sind mir fremd.

Humor wirkt anziehend

Verstand und Genie rufen Achtung und Hochschätzung hervor, Witz und Humor erwecken Liebe und Zuneigung

(David Hume)

Immer wieder bekommen wir gesagt, dass sich mit Humor alles leichter tragen lässt. Aber nicht selten ist er uns schon abhandengekommen.

85

Viele Menschen haben auch gar keinen Humor. Sie nehmen das Leben viel zu ernst.

Ist es Ihnen auch schon so ergangen, dass Sie sich in der Gesellschaft eines humorvollen Menschen wohler gefühlt haben als in der Gesellschaft eines Miesepeters?

Prüfen Sie, ob Sie über ein wenig Humor verfügen, indem Sie z.B. Ihre Mitmenschen befragen. Ein solches Feedback einzuholen kann übrigens auch in Bezug auf andere persönliche Eigenschaften bzw. Verhaltensweisen interessant sein. Humor wirkt auf die Mitmenschen anziehend. Bis zu einem gewissen Punkt kann man sich Humor aneignen. Er darf jedoch niemals aufgesetzt und unnatürlich wirken. Vor allem darf er nie auf Kosten anderer gehen.

Vorsatzformel: Humor ist mein täglicher Begleiter.

Freundlichkeit gegenüber anderen

Freundlichkeit ist eine Sprache, die Taube hören und Blinde lesen können

(Mark Twain)

Aufrichtige Freundlichkeit ist eine der wichtigsten Eigenschaften im Umgang mit den Mitmenschen. Wer über eine natürliche, von innen kommende Freundlichkeit verfügt, steht bei seinen Mitmenschen hoch im Kurs.

Natürliche Freundlichkeit und eine freundliche Ausstrahlung hängen mit der Denkweise zusammen. Haben Sie stets eine zuversichtliche Sicht auf Ihre Lebensumstände und sind Sie ein Freund der Menschen, so strahlen Sie automatisch eine gewisse Grundfreundlichkeit aus. Verstärken Sie diese noch mit folgender Meditationsübung:

Setzen oder legen Sie sich entspannt hin. Atmen Sie einige Male tief und regelmäßig ein und aus. Richten Sie Ihren Blick jetzt tief nach innen und lassen Sie in Ihrem Bauchraum ein kleines Lächeln entstehen. Sie können sich dabei zum Beispiel einen kleinen Smiley (☺) vorstellen. Lassen Sie das kleine Lächeln langsam wachsen und sich in Ihrem ganzen Bauchraum ausdehnen. Spüren Sie, wie das Lächeln in Ihr Herz ausstrahlt. Beobachten Sie, wie es dann weiterwandert in Ihr Gesicht und dort ein Lächeln hervorzaubert. Zum Schluss erfasst es Ihre Gedanken.

Wiederholen Sie diese Übung immer wieder. Mit der Zeit wird dieses Lächeln dann ein anziehender Teil Ihres Wesens.

Vorsatzformel: Ich verfüge über ein freundliches, inneres Wesen.

Meditation mit Musik für Ihr Inneres

Kehr in dich still zurück, ruh in dir selber aus, so fühlst du höchstes Glück

(Friedrich Rückert)

Wenn wir meditieren, versuchen wir in der Regel, unsere Gedanken zur Ruhe zu bringen. Wir verbinden Meditation mit Stille. Dies liegt jedoch nicht jedem von uns.

Deshalb gibt es auch andere Varianten. Eine davon ist die Form des meditativen Musikhörens.

Wählen Sie dazu ein Musikstück, das Ihnen gefällt und das optimalerweise einen ruhigen und meditativen Charakter hat.

Begeben Sie sich dann in Ihre bevorzugte Meditationshaltung. (Mehr zur Meditation finden Sie im Anhang des Buches.)

Hören Sie jetzt der Musik ruhig und voller Konzentration zu. Gehen Sie förmlich in der Musik auf. Lassen Sie die Klänge auf sich wirken. Wenn Sie sich wirklich vollständig von der Musik fesseln lassen, vermag diese Sie durchaus in Ihrem Innersten berühren. Lassen Sie es geschehen. Ist die von Ihnen ausgewählte Musik zu Ende, bleiben Sie noch in Ihrer Meditation. Atmen Sie langsam und regelmäßig weiter. Versuchen Sie, die Gefühle zu ergründen, die von der Musik in Ihrem Inneren ausgelöst worden sind. In der Regel sind es positive Gefühle. Versuchen Sie, diese so lange wie möglich festzuhalten.

Weitere Formen von aktiven Meditationen finden Sie im nachfolgenden Kapitel.

Vorsatzformel: Indem ich meditiere, finde ich zu innerer Ruhe und Gelassenheit.

Sonntag:
Der Tag der Ruhe

So wie es Zeiten schwerer und anstrengender Arbeit gibt, so muss es auch Phasen geben, in denen wir ausruhen. Für viele von uns ist der Sonntag der Tag der Ruhe. Andere wiederum müssen am Sonntag arbeiten. Für sie ist dann einfach an einem Wochentag Ruhe angesagt. Welcher Tag es ist, spielt keine Rolle. Wichtig ist nur, dass Sie sich auf jeden Fall einen Tag in der Woche reservieren, den Sie wirklich größtenteils in aller Ruhe für sich oder gemeinsam mit Ihrer Familie verbringen können.

In den nachfolgenden Unterkapiteln erhalten Sie viele Anregungen, was Sie an Ihrem freien Tag alles machen können, außer beruflich tätig zu sein.

Seine seelischen Reserven auffüllen

Kommt her zu mir, alle, die ihr mühselig und beladen seid; ich will euch erquicken

(Matthäus 11, 28)

Nach einer langen Arbeitswoche sind unsere geistigen und körperlichen Reserven oftmals verbraucht. Deshalb ist es an dem freien Tag besonders wichtig, wieder zu Kräften zu kommen. Hier einige Tipps, wie dies gelingen kann:

- Besuchen Sie (mal wieder) einen Gottesdienst (dies ist der eigentliche Sinn dieses Bibelzitats).
- Beschäftigen Sie Ihre rechte Hirnhälfte, die für die Kreativität zuständig ist, durch Malen.
- Hören Sie Musik. Noch besser, machen Sie selbst Musik.
- Sofern Sie es noch nicht können: Machen Sie sich mit den Grundzügen des autogenen Trainings oder der Meditation vertraut.

Suchen und finden Sie selbst noch weitere, auch kreative Tätigkeiten, die nichts mit Ihrem Alltag zu tun haben.

Vorsatzformel: An meinem freien Tag komme ich zur Ruhe.

Lebensklugheit und Lebensweisheit erlangen

Weisheit erwerben ist besser als Gold und Einsicht erwerben edler als Silber

(Sprüche 16, 16)

Tief in unseren Gedanken ist es oftmals verankert: Wir wollen mehr Luxus, mehr Geld, mehr Vermögen. Viele jedoch, die dann auch irgendwie zu Reichtum gelangt sind, finden trotzdem keine innere Zufriedenheit. Sie bleiben rat- und rastlos.

Unterbrechen Sie an Ihrem freien Tag die Jagd nach Ruhm und Reichtum. Richten Sie Ihr Augenmerk auf das Erlangen von geistigen Reichtümern. Versuchen Sie, Lebensweisheit zu erwerben und Einsichten in die Ordnung der göttlichen Schöpfung zu erlangen. Lebensweisheit finden Sie zum Beispiel im gesamten Buch der Sprüche in der Bibel. In den Weisheiten Salomos finden Sie Aspekte über den göttlichen Teil der Weisheit. Schauen Sie durchaus auch über den Tellerrand hinaus und beschäftigen Sie sich mit anderen Glaubensrichtungen. Auch der Buddhismus zum Beispiel bietet interessante Ansichten und Weisheiten. Es handelt sich um eine sehr friedliche Religion, die vor allem auch andere Religionen und ihre Heiligen akzeptiert.

Vorsatzformel: Ich suche nach Weisheit.

Das Leben ist mehr als nur Arbeit

Der Mensch lebt nicht allein vom Brot

(Lukas 4, 4/5. Mose 8, 3)

Unser Hauptdenken und unser regelmäßiger Tagesablauf sind darauf ausgerichtet, unser Brot zu verdienen und weitere mehr oder weniger wichtige Bedürfnisse finanzieren zu können. Dabei vergessen wir oftmals völlig, dass wir nicht nur unseren Körper mit Nahrung versorgen müssen, sondern auch Geist und Seele. Nachfolgend finden Sie ohne Anspruch auf Vollständigkeit und in zwangloser Reihenfolge »Nahrungsmittel« für Geist und Seele: Die Bibel, ein Buch über eine andere Glaubensrichtung, überhaupt ein gutes Buch, eine wunderschöne Musik, Familienspiele, ein Gottesdienst, Kontakt mit sympathischen Menschen, ein Spaziergang in der Natur. Es gibt noch viele mehr. Erstellen Sie sich doch einfach eine Liste, die Sie an Ihren nächsten freien Wochenenden zwanglos abarbeiten.

Vorsatzformel: Ich gebe auch meiner Seele Nahrung.

Der Tag der Ruhe

Sechs Tage sollst du deine Arbeit tun; aber am siebenten Tag sollst du feiern

(2. Mose 23, 12)

In anderen Bibelübersetzungen wird »sollst du feiern« durch »sollst du ruhen« ersetzt.

Und gerade mit der Ruhe tun wir uns manchmal schwer. Wir verbinden Ruhe des Öfteren auch mit Nichtstun. Man kann jedoch auch zur Ruhe kommen und trotzdem aktiv sein, also auch feiern beziehungsweise anderweitig aktiv werden. Es ist nur das Richtige zu tun. Machen Sie an Ihrem Ruhetag zum Beispiel Folgendes:

Ein Buch lesen, Musik machen beziehungsweise Musik hören, laufen, schwimmen oder Rad fahren, wandern, mit anderen Menschen feiern, Meditation, Yoga oder autogenes Training.

Tun Sie Folgendes nicht: Arbeiten am PC, übermäßig fernsehen, Katastrophenartikel lesen, zu Hause berufliche Aufgaben erledigen.

Vorsatzformel: Mit Aktivitäten, die Freude machen, finde ich Ruhe.

Gepflegt essen und trinken

Essen und Trinken hält Leib und Seele zusammen

(Sokrates)

Unter der Woche fehlt uns oftmals die Zeit, um in Ruhe (mit der Familie) zu essen. Das Einnehmen der Mahlzeiten erfolgt zwischen Tür und Angel.

Sonntags beziehungsweise an Ihrem freien Tag haben Sie die Zeit oder sollten sie sich nehmen.

Essen Sie in Ruhe gemeinsam mit Ihrer Familie ein von Ihrem Partner oder von Ihnen selbst mit Liebe zubereitetes Mahl. Oder noch besser, gönnen Sie sich gelegentlich den Luxus und gehen Sie ganz gepflegt essen. Genießen Sie das Essen und Trinken. Schalten Sie die Gedanken an ungesundes Essen oder an Diäten (wenn Sie nicht gerade aus gesundheitlichen Gründen Diät halten müssen) vollständig ab. Genießen Sie.

Vorsatzformel: Ich nehme mir regelmäßig Zeit für ein gepflegtes Essen.

Schöpferisch tätig werden

Glück ist, in schöpferischer Arbeit sich verströmen, in Einklang mit der inneren Veranlagung leben

(Zenta Maurina)

Es gibt Zeiten, da ist es uns einfach nicht möglich, den Tag mit Nichtstun zu verbringen. Vielleicht ist es dann Zeit für eine schöpferische Tätigkeit. Dies kann zum Beispiel eine Arbeit sein wie Malen, Musizieren, Basteln oder Töpfern.

Wichtig ist, dass Sie dabei Ihre Kreativität ausleben. Vor allem Ihre rechte Hirnhälfte, die für das Kreative und Schöpferische zuständig ist, wird dadurch gefördert und gefordert. Sie sind aktiv und gleichzeitig entspannt. Und wenn Sie nicht gerade mit zwei linken Händen an die Sache herangehen, kommen Sie in den Genuss von Erfolgserlebnissen. Dies ist dann Balsam für die Entwicklung Ihres Selbstbewusstseins.

Vorsatzformel: Ich finde Zeit für Kreatives.

Mit Meditation die Gedanken wach machen

Träume entspringen wachen Gedanken

(Asiatische Weisheit)

Am leichtesten können wir unsere Gedanken wach machen, indem wir sie vorher zur Ruhe bringen. Ein Verstand, der ständig aktiv ist, wird mit der

Zeit stumpf und träge. Wenn es uns also gelingt, unsere Gedanken zu beruhigen, werden sie danach schärfer und klarer. Dies funktioniert am besten mit Hilfe der Meditation. Stellen Sie sich ein randvolles Glas Wasser vor, das schon einige Zeit steht. Wollen Sie noch etwas hineinfüllen, läuft das Glas über. Um in den Genuss eines guten, frischen Schlucks Wasser zu kommen, müssen Sie das Glas mit dem abgestandenen Wasser vorher entleeren. Erst dann ist Platz da für neues, wohlschmeckendes Wasser. Genauso entleeren und bereinigen Sie mit Hilfe der Meditation Ihr Denken und schaffen Raum für neue, wache und frische Gedanken. Dieses Platzschaffen ist für den Normalsterblichen, der nicht unbedingt bis zur sogenannten Erleuchtung kommen will, das Wertvollste an der Meditation.

Vorsatzformel: Mit regelmäßiger Meditation erfrische ich mein Denken.

Meditation im Gehen

Durch Stillesein und Hoffen würdet ihr stark sein

(Jesaja 30,15)

Andere Bibelübersetzungen lauten sinngemäß: In Umkehr und Ruhe liegt das Heil. Beide Versionen beinhalten eine weitere Aufforderung an uns, sich von der Hektik des Alltags abzuwenden, um seine Zufriedenheit in der Ruhe und Stille zu finden.

Eine weitere schöne Form der Meditation, die gleichzeitig für Bewegung sorgt, ist die Geh-Meditation: Machen Sie heute oder in den nächsten Tagen einen ausgedehnten Spaziergang an einem stillen Ort, zum Beispiel im Wald. Gehen Sie irgendwann dazu über, Ihre ruhigen Schritte an Ihre Atmung zu koppeln. Atmen Sie zum Beispiel drei Schritte lang ein, halten Sie dann drei Schritte lang die Luft an und atmen Sie während der nächsten drei Schritte aus. Diesen Zyklus zehn bis fünfzehnmal wiederholen. Möglich ist auch folgender Rhythmus: drei Schritte einatmen, einen Schritt die Luft anhalten und vier Schritte lang ausatmen, ebenfalls mit zehn bis fünfzehn Wiederholungen. Kehren Sie anschließend wieder zu Ihrem Spaziergang zurück und achten Sie auf die Schönheit Ihrer Umgebung.

Vorsatzformel: Beim Gehen finde ich innere Ruhe.

Den Tag genießen

Genieße das Leben! In schnellem Lauf flieht es dahin

(Seneca)

Viel zu oft machen wir den Fehler, dass wir mit unseren Gedanken am freien Tag schon viel zu früh wieder bei der Arbeit sind. Wir schaffen es nicht, unsere freien Stunden völlig entspannt zu genießen.

Versuchen Sie, an Ihrem freien Tag von der Arbeit völlig abzuschalten. Denken Sie nicht an morgen, sondern gehen Sie bewusst und konzentriert im Augenblick auf. Freuen Sie sich an der Gegenwart. Schaffen Sie sich wirkliche Mußestunden, in denen Sie sich zum Beispiel konzentriert mit einem Hobby beschäftigen.

Vorsatzformel: Ich genieße den Moment.

Dem Spieltrieb nachgeben

Der Mensch spielt nur, wo er in voller Bedeutung des Wortes Mensch ist, und er ist nur da ganz Mensch, wo er spielt

(Friedrich von Schiller)

Auch mit zunehmendem Alter ist in uns das Verlangen nach Spiel, Spaß und Unterhaltung weitgehend erhalten geblieben und tritt immer wieder zum Vorschein.

Diesem Wunsch sollten Sie gelegentlich nachgeben. Nutzen Sie Ihren freien Tag nicht nur dazu, Ihren Geist zu erweitern, sondern geben Sie sich der Geselligkeit hin. Spielen Sie mit Ihrem Partner, mit Ihren Kindern oder Enkeln. Treiben Sie Sport in einem Verein beziehungsweise besuchen Sie sportliche Veranstaltungen. Lassen Sie sich auf Festen unterhalten. Kurzum: Pflegen Sie die Geselligkeit. Geben Sie Ihrem Wunsch zu spielen immer wieder nach.

Vorsatzformel: Der Tag macht mir Freude mit Spaß und Spiel.

Tempo aus seinem Lebensrhythmus herausnehmen

Der Weise kennt keine Hast und der Hastende ist nicht weise

(Chinesische Weisheit)

Während unseres Alltags haben wir oft keine andere Wahl, als uns der Hast, Hektik und Eile unserer Mitmenschen anzupassen. Wir müssen ja Schritt halten. Doch so wie jeder Läufer irgendwann eine Ruhepause einlegt oder mindestens das Tempo drosselt, müssen auch wir unser Tempo sorgfältig einteilen: Achten Sie darauf, dass Sie Ihre Tätigkeiten, besonders während Ihrer Freizeit, mit Ruhe verrichten. »Entschleunigen« Sie. Lassen Sie ein solch bewusstes Verlangsamen immer wieder auch in Ihren Alltag einfließen. Atmen Sie immer wieder durch. Tun Sie dies auch, indem Sie immer wieder Atemübungen in Ihren Alltag einstreuen. Hier eine kleine Übung für das Verlangsamen:

Wählen Sie eine etwas langsamere Musik aus. Bewegen Sie sich dazu für einige Minuten wie in Zeitlupe. Stellen Sie sich vor, Sie würden bis zum Hals im Wasser stehen und sich dann bewegen. Diese Übung sorgt für Ruhe und Entspannung. Eine weitere Möglichkeit, Hast und Hektik aus seinem Leben zu nehmen, ist die Technik des »Einfrierens«. Wenn Sie merken, dass es gerade besonders stressig ist und Sie sind irgendwo allein, halten Sie sofort inne und bewegen Sie sich nicht mehr. Beobachten Sie dann kurz Ihren Körper, Ihre Wahrnehmungen und Ihre Gedanken. Halten Sie kurz inne und bringen Sie sich dann allmählich wieder in Bewegung.

Vorsatzformel: Ich drossle immer wieder mein Tempo.

Spaziergang der Aufmerksamkeit

Wir sollten wieder lernen, aus der Freizeit Muße zu machen

(Otto Flake)

Manchmal werden wir auch an unserem freien Tag vom Gedanken getrieben, etwas leisten zu müssen. Es soll etwas herauskommen. In diesem Moment machen wir uns schon wieder Stress.

Machen Sie es besser. Nutzen Sie doch einen Ihrer freien Tage für einen Spaziergang der Aufmerksamkeit. Gehen Sie zum Beispiel einfach durch Ihren Garten und betrachten Sie aufmerksam, was dort gerade blüht. Haben Sie selbst keinen eigenen Garten, gehen Sie in einen Park oder einen Botanischen Garten. Betrachten Sie wirklich konzentriert und im Augenblick verhaftet, alles was dort blüht. Saugen Sie es in sich auf und rufen Sie die Eindrücke in späteren Momenten wieder ab.

Schenken Sie den Tätigkeiten, die Sie gerade verrichten, Ihre volle Aufmerksamkeit.

Vorsatzformel: Ich nehme mir Zeit für einen Spaziergang der Aufmerksamkeit.

Mit der Natur im Einklang leben

Glückselig also ist ein Leben, welches mit seiner Natur in Einklang steht

(Seneca)

Nicht immer stehen wir mit der Natur im Einklang. Im Gegenteil, oft sind wir Menschen die Fremdkörper. Wir begreifen nicht, dass wir ein Teil der Natur sind. Um das zu ändern, müssen wir zuerst mit uns selbst im Einklang sein. Wir müssen lernen, uns gelegentlich auch mit weniger zufriedenzugeben. Dann erst können wir uns nach außen orientieren und darüber nachdenken, wo wir ein Fremdkörper in unserer Umwelt sind.

Um hierüber nachzudenken ist ein ruhiger und arbeitsfreier Tag besonders gut geeignet. Lehnen Sie sich in einer stillen Stunde, vielleicht auch an einem verregneten Wochenende, einmal zurück. Überlegen Sie, wo Sie im Verlauf der Arbeitswoche gegen Ihre persönliche Natur gehandelt haben, vielleicht auch handeln mussten. Entwickeln Sie Strategien, wie Sie solche Handlungen eventuell reduzieren können. Damit steigern Sie, manchmal langsam und fast unbemerkt, Ihre innere Zufriedenheit. Richten Sie dann Ihren Blick nach außen und prüfen Sie, wo Sie gegen Ihre Umwelt gehandelt haben. Dies kann zum Beispiel eine Erledigung mit dem Auto gewesen sein, bei der Sie eigentlich hätten zu Fuß gehen können. Suchen Sie weitere solch kleine Beispiele und finden Sie Lösungen, wie Sie es besser machen können.

Vorsatzformel: Ich lebe im Einklang mit der Natur.

Die Natur kennenlernen

Die Natur muss gefühlt werden

(Alexander von Humboldt)

Aus Zeitmangel bewegen wir uns oft viel zu selten in der freien Natur. Vor allem diejenigen, die in den Städten wohnen, kennen die Natur nur noch am Rande.

Nehmen Sie sich die Zeit und gehen Sie einmal wieder einen ganzen Tag hinaus in die Natur. Wandern Sie und beobachten Sie. Suchen Sie ruhig auch etwas einsamere Wege, weit abseits der Straßen. Beobachten und fühlen Sie mit allen Sinnen. Berühren Sie Bäume und Gräser. Schauen Sie Pflanzen in all ihren Details an. Riechen Sie die Düfte der Natur. Hören Sie die Geräusche. Lassen Sie jedoch schöne Blumen oder Pflanzen, die Sie auf so einer Wanderung vielleicht finden, dort stehen wo sie wachsen. Bewegen Sie sich in der Natur, aber verändern Sie möglichst wenig. Wenn Sie dann von Ihrer Wanderung zurückkehren, werden Sie vielleicht ebenso wie Anton P. Tschechow einmal feststellen: »Die Natur ist ein sehr gutes Beruhigungsmittel.«

Vorsatzformel: Ich versuche immer wieder Teil der Natur zu sein.

Yoga-Übung der inneren Ruhe

Fürwahr, meine Seele ist still und ruhig geworden wie ein kleines Kind bei seiner Mutter ...

(Psalm 131, 2)

Manchmal haben wir im Leben Phasen, da benötigen wir das Gefühl von Geborgenheit, nicht nur in der freien Natur, sondern auch zu Hause.

Deshalb an dieser Stelle eine recht einfache Übung aus dem Yoga. Es ist die sogenannte Kleinkindhaltung. Sie können diese Übung auch unter der Woche am Abend zum Entspannen immer wieder mal durchführen.

◆ Setzen Sie Ihr Gesäß auf beziehungsweise zwischen Ihre Fersen, beide Knie haben Kontakt mit dem Boden und berühren sich leicht. Die Fußsohlen zeigen nach oben.

- Beugen Sie sich nach vorne, bis Sie mit Ihrer Stirn Bodenkontakt haben. Der Rücken ist dabei leicht gekrümmt.
- Die Arme liegen neben dem Körper, die Hände berühren auf beiden Seiten leicht die Fersen. Die Handflächen zeigen nach oben. Die Augen sind geschlossen.
- Halten Sie diese Stellung mindestens fünf Atemzüge, wenn es Ihnen angenehm ist, auch noch länger. Bringen Sie Ihre Gedanken zur Ruhe und denken Sie weit zurück, vielleicht bis in Ihre frühe Kindheit. Ein Gefühl der Geborgenheit stellt sich jetzt ein.

Diese Übung ist sehr schön dazu geeignet, sowohl körperlich als auch geistig zur Ruhe zu kommen. Im Yoga wird sie übrigens gerne zwischen anstrengenden körperlichen Übungen eingeschoben.

Anhang

Grundzüge der Meditation

Eine Möglichkeit, mit diesem Buch zu arbeiten, stellt die Meditation dar. Deshalb erhalten Sie an dieser Stelle eine kleine Einführung in die Meditation. Es gibt sie in vielen Varianten und Ausprägungen. Allgemein kann gesagt werden, dass mit der Meditation die Gedanken zur Ruhe gebracht werden. Dadurch wird eine geistige Leere erzeugt. Es entsteht dann Platz für neue Gedanken. Die Ruhe der Gedanken wird in der bekanntesten Form dadurch erzeugt, dass die Atemzüge gezählt werden. In der Regel wird das Ausatmen gezählt. Man konzentriert sich also auf seine Atmung. Eine andere Variante ist das fortwährende Vorsagen oder Denken eines kurzen Mantra, also eines einzelnen Wortes (zum Beispiel das allgemein bekannte Om) oder eines kurzen Satzes (zum Beispiel »Vater, erbarme dich« oder Ähnliches).

Genauso ist es möglich, seine Gedanken zunächst zur Ruhe zu bringen und dann über den Inhalt eines vorher zurechtgelegten oder gelesenen Texts nachzudenken. Dabei können Ihnen die jeweiligen kurzen Kapitel dieses Buches behilflich sein, insbesondere die Zitate am Anfang oder die Vorsatzformeln am Ende eines jeden Kapitels.

Hier zunächst ein kurzer Abriss, wie eine Meditation ablaufen kann. Diese Vorgehensweise ist eine von vielen. Wenn Sie echtes Interesse an der Meditation gefunden haben, besorgen Sie sich weiterführende Literatur oder besuchen Sie einen der zahlreich angebotenen Kurse.

Bereiten Sie zuerst Ihren Körper mit dem sogenannten SAS-Programm auf die Meditation vor. SAS steht dabei für Schütteln, An- und Entspannen und Strecken.

Schütteln: Schütteln Sie Ihren gesamten Körper circa eine bis zwei Minuten durch. Gehen Sie dabei leicht in die Knie, wippen Sie. Schütteln Sie anschließend Ihre Hände, dann die Beine jeweils links und rechts im Wechsel.

Anspannen / Entspannen: Drücken Sie Ihre beiden Hände vor Ihrer Brust fest gegeneinander. Spannen Sie danach alle möglichen Muskeln Ihres Körpers von den Armen, über das Gesäß, bis zu den Ober- und Unterschenkeln fest an. Atmen Sie dabei circa fünf Atemzüge lang. Dann entspannen Sie.

Strecken / Dehnen: Strecken und Dehnen Sie sich ausgiebig.

Ebenso kann man sich auch mit einigen Yogaübungen körperlich auf die Meditation einstimmen. Im einfachsten Fall reichen sogar ein paar Kniebeugen und Liegestützen mit anschließendem Strecken und Dehnen.

Nehmen Sie jetzt Ihre meditative Lieblingshaltung ein. Vom Sitzen bis zum Liegen ist hierbei alles möglich. Beim Sitzen sollten Sie die Wirbelsäule gerade halten und nicht anlehnen. Beim Finden der richtigen Haltung hilft die Vorstellung, an einer Schnur hochgezogen zu werden, wobei die Wirbelsäule aufgerichtet wird und mit dem Genick eine gerade Linie bildet. Der Kopf hängt leicht nach vorne, das Kinn zeigt zur Brust. Die Hände ruhen im Schoß. Der Handrücken Ihrer dominanten Hand ruht in der Innenhand der anderen. Beide Daumen berühren sich dabei und bilden einen Kreis.

Bei den liegenden Positionen ist die aus dem Yoga stammende sogenannte Totenstellung (Savasana) die bekannteste. Dabei liegen Sie auf dem Rücken. Die Arme und Beine sind in einem Winkel von circa 45 Grad nach außen gerichtet und ruhen gestreckt auf dem Boden. Die Fußspitzen und die Handflächen der Innenhand zeigen nach oben.

Von den Haltungen, bei denen man direkt auf dem Boden sitzt, ist für die Europäer der Schneidersitz die einfachste Variante. Dabei sitzt man mit dem Gesäß in direkter Verbindung zum Fußboden, die Beine hat man vor sich leicht überkreuzt. Die Außenseiten der Fersen berühren jeweils den Boden und ruhen unter dem jeweiligen Oberschenkel des anderen Beins. Die Hände werden auf den leicht nach oben gerichteten Knien abgelegt. Daumen und Zeigefinger bilden einen Kreis.

Mehr für Fortgeschrittene geeignet sind die diversen sogenannten Lotus-Sitzformen. Sie hier genau zu beschreiben würde den Rahmen des Buches sprengen. Diese Sitzformen, vor allem der echte Lotus-Sitz ist für Europäer ohnehin mit Schwierigkeiten und Unbequemlichkeit verbunden. Um ihn zu beherrschen, muss man schon sehr weit fortgeschritten sein.

Beginnen Sie jetzt, zur Ruhe und in die Entspannung zu kommen. Dies geht am besten dadurch, dass Sie Ihre Atemzüge zählen. Zählen sie jeweils beim Ausatmen. Zählen Sie so bis zehn und beginnen Sie dann wieder von vorne. Oder zählen Sie nur eins bei jedem Ausatmen.

Genießen Sie jetzt die Ruhe und Stille. Beobachten Sie einfach nur Ihre Gedanken, die kommen und gehen, ohne diese zu werten. Alternativ kann jetzt die erweiterte Meditation beginnen, bei der Sie über das vorher gelesene Kapitel mit Zitat und Vorsatzformel nachdenken.

Die Meditation sollte mit dem Zurücknehmen beendet werden: Atmen Sie mehrmals durch die Nase tief ein und aus, ballen Sie die Fäuste und beugen und strecken Sie die Arme mehrfach gut durch. Danach können Sie wieder Ihre Augen öffnen.

Natürlich kann im Rahmen dieses Buches die Meditation nicht in allen Varianten und allen Feinheiten dargestellt werden. Deshalb ist prinzipiell zu empfehlen, die Meditation in einem Kurs oder bei einem Lehrer zu erlernen. Oder erwerben Sie ein Buch, das Sie tiefer in die höheren Weihen der Meditation einführt.

Zum Schluss ein Danke

Seid beharrlich im Gebet und wacht in ihm mit Danksagung

(Kolosser 4, 2)

Eine anderer Bibelvers lautet sinngemäß: Hört nicht auf, Gott zu danken. Dies möchte ich hiermit tun. Der erste Dank geht deshalb an Gott. Er hat mein erstes Buch (»365 Erfolgsbausteine«) zwar nicht zu einem Bestseller, aber zu einem sogenannten »Longseller« werden lassen und mir so das Schreiben dieses zweiten Buches ermöglicht.

Ein weiteres Danke geht an meine Familie, vor allem an meine Frau Andrea, die mir im Privatleben den Rücken frei gehalten hat, für ein harmonisches Umfeld gesorgt hat und immer noch sorgt. Außerdem war sie ein erster aufmerksamer Leser dieses Buchs.

Danke auch an Pfarrer i. R. Jakob Stehle, der einen wohlwollenden Blick auf das Manuskript geworfen hat und vor allem die Interpretationen der Bibelsprüche als zumutbar »abgesegnet« hat. Viele wertvolle Informationen rund um das Thema Glauben finden Sie übrigens auch auf seiner Webseite www.glauben-und-bekennen.de.

Zu guter Letzt danke ich Ihnen, liebe Leserin oder Leser, dass Sie dieses Buch bis hierher gelesen haben. Ich hoffe, dass es Ihnen viele wertvolle Informationen und Anregungen gebracht hat. Vielleicht konnte es sogar ein wenig Ruhe und Spiritualität in Ihr Leben bringen. Dann hat es seinen Sinn voll und ganz erfüllt.

Ganz zum Schluss noch ein Spruch für Sie als Leser dieses Buches:

Wenn Ihnen das Buch gefallen hat, empfehlen Sie es weiter; wenn nicht, behalten Sie es einfach für sich

(Abgewandelte Redensart aus dem Marketing)

Zitierte Personen

Aristoteles (384 v. Chr.–322 v. Chr.), griechischer Philosoph
Augustinus (354–430), Kirchenlehrer der Spätantike und Philosoph
Otto von Bismarck (1815–1898), von 1867–1871 Bundeskanzler des Norddeutschen Bundes, 1871–1890 erster Reichskanzler des Deutschen Reiches
Dietrich Bonhoeffer (1906–1945), evangelischer Theologe
Don Bosco, eigentlich Giovanni Melchiorre Bosco (1815–1888), italienischer katholischer Priester und Ordensgründer
Jean de La Bruyère (1645–1696), französischer Schriftsteller
Buddha (ca. 560 v. Chr.–480 v. Chr.), Stifter des Buddhismus
Dale Carnegie (1888–1955), US-amerikanischer Kommunikations- und Motivationstrainer im Bereich des Positiven Denkens
Marcus Tullius Cicero (106 v. Chr.–43 v. Chr.), römischer Politiker, Anwalt, Schriftsteller und Philosoph
Demokrit (460 / 459 v. Chr.–400 oder 380 v. Chr.), griechischer Naturphilosoph
Walt Disney (1901–1966), US-amerikanischer Filmproduzent
Thomas Alva Edison (1847–1931), US-amerikanischer Erfinder und Unternehmer
Otto Flake (1880–1963), deutscher Schriftsteller
Henry Ford (1863–1947), Gründer des Automobilherstellers Ford Motor Company
Vincent van Gogh (1853–1890), niederländischer Maler und Zeichner
Heraklit (520 v. Chr. Bis 460 v. Chr.), vorsokratischer Philosoph
Peter Hille (1854–1904 in Berlin), deutscher Schriftsteller
Horaz (65 v. Chr.–8 v. Chr.), römischer Dichter
Homer (8. Jh. v. Chr.), griechischer Dichter
David Hume (1711–1776), schottischer Philosoph, Ökonom und Historiker
Papst Johannes XXIII. (1881–1963), von 1958–1963 Oberhaupt der katholischen Kirche
Samuel Johnson (1709–1784), englischer Gelehrter, Lexikograf, Schriftsteller, Dichter und Kritiker
Konfuzius (551 v. Chr.–479 v. Chr.), chinesischer Philosoph
Laotse (4.–3. Jh. v. Chr.?), chinesischer Philosoph
Gotthold Ephraim Lessing (1729–1781), Dichter der deutschen Aufklärung
Zenta Mauriņa (1897–1978), lettische Schriftstellerin
Michelangelo (1475–1564), italienischer Maler, Bildhauer, Architekt und Dichter

Montesquieu (1689–1755), französischer Schriftsteller, Philosoph und Staatstheoretiker der Aufklärung

Friedrich Nietzsche (1844–1900), deutscher Philosoph

Louis Pasteur (1822–1895), französischer Naturwissenschaftler

Norman Vincent Peale (1898–1993), US-amerikanischer Pfarrer und Autor

Johann Heinrich Pestalozzi (1746–1827), Schweizer Pädagoge, Philanthrop, Schul- und Sozialreformer, Philosoph sowie Politiker

Platon, (428/427 v. Chr.–348/347 v. Chr. in Athen), antiker griechischer Philosoph

Beilby Porteus (1731–1809), anglikanischer Reformer und führender Sklavengegner in England

Francois Rabelais (1494–1553), französischer Arzt und Geistlicher

Jean-Jacques Rousseau (1712–1778), Genfer Schriftsteller, Philosoph, Pädagoge, Naturforscher und Komponist der Aufklärung

Friedrich Rückert (1788–1866), deutscher Dichter, Übersetzer und einer der Begründer der deutschen Orientalistik

Friedrich von Schiller (1759–1805), deutscher Dichter, Philosoph und Historiker

Charles Schwab (geboren 1937), US-amerikanischer Unternehmer und Philanthrop

Seneca (ca. 1–65), römischer Philosoph, Dramatiker, Naturforscher, Staatsmann

William Shakespeare (1564–1616), englischer Dramatiker, Lyriker und Schauspieler

Sokrates (469 v. Chr.–399 v. Chr.), griechischer Philosoph,

Eduard Spranger (1882–1963), deutscher Philosoph, Pädagoge und Psychologe

Mark Twain (1835 –1910), amerikanischer Schriftsteller

Voltaire (1694–1778), französischer Schriftsteller

Weiterführende Literatur

Peale, Norman Vincent: Die Kraft positiven Denkens, Orbis Verlag, München 2003

Murphy, Dr. Joseph: Die Macht Ihres Unterbewusstseins, Heinrich Hugendubel Verlag, Kreuzlingen/München 1965

Walsch, Neale Donald: Gespräche mit Gott – Ein ungewöhnlicher Dialog, Verlag Arkana, München 1997/2006

Dr. Patrick Broome/Gabriela Bozic: Yoga fürs Leben, Gräfe und Unzer Verlag, München 2006

Diverse Autoren: Fühl dich gut – Mehr Energie, Balance, Harmonie, Gräfe und Unzer Verlag, München 1998

Delia Grasberger: Autogenes Training (mit CD), Gräfe und Unzer Verlag, August 2010

Jack Kornfield: Meditation für Anfänger (mit CD), Verlag Arkana, München, April 2007